中越地震　復興公論

新潟日報社

○文中の肩書・役職・年齢は新聞掲載当時のものである。
○第一章　風化させないの1—4は敬称略とした。

はじめに

「中越地震　復興公論」は二〇〇五年十二月から新潟日報朝刊で連載が始まった。最初のテーマは「風化させない」だった。この言葉に取材班の思いが凝縮されている。

二〇〇四年十月二十三日に起きた中越地震は中山間地を襲った。家を、田を、そしてムラを壊した。川口町では最大震度7を記録した。震度5以上の余震が頻発し、震度6を超える激しい揺れに四回も見舞われた。車中死が相次いだ。新幹線が営業運転開始後初めて脱線した。あの未曾有の災害から一年を過ぎた時点で、もう「風化」を問題にしなければならなかった。

確かに災害は過ぎ去るとともに、忘れ去られていくものだろう。しかし、地震発生後から被災地に入り、取材を続けてきた記者の心情は違っていた。

「風化」はムラの災害だったからではないのか。人口が減り、産業集積も薄く、生産性の低い地域だったからではないのか。震災からの復興は地方の将来を議論していくことにつながる。そのための論を興していこう。「公論」という言葉を用い、インタビューを多用したのは、そんな取材班の憤りにも近い思いが込められていたように思う。

地方と都市の格差是正は、やっと政策の大きな争点になってきた。その一方で、合併を進めてきた自治体の破たん法制が本格的に検討され始めている。首都圏のような活力を求めようとは思わない。だが、地方は依然軽くみられすぎてはいないか。

シリーズを展開している折、耐震強度偽装問題が全国を揺るがした。その際、被害に遭ったマンションに住む都市住民への手厚さは被災したムラとは対照的に映った。首都直下型地震の被害シミュレーションは想像を超える事態を描き出している。所得、国土づくりなど日本のあらゆるところで二極化が進み、その弊害を多くの人たちが感じ始めている。

震災から二年がたとうとしている。被災地は着実に復興の道を歩んでいる。日々たくましく。旧山古志村の基幹道路である国道291号も復旧した。まだ、山肌に工事用の青いシートは目立つものの、豊かなムラの再生が進んでいる。刈り取りを待つ黄金色の稲穂が輝きを増している。

中越地震の復興を確かなものにする過程は、自立がうたわれる地方の道筋に重なる。震災復興に向けた取材はこれからも続く。地方紙のありようも問われていると信じるからである。

元自民党幹事長の野中広務氏は今回の連載に関連したインタビューで「あんなに雪の多い土地で二回目の正月を仮設住宅で迎えさせたとは、政治の貧困と言うしかない」と語った。仮設の入居者は減った。しかし、この稿を書いている時点でなお八百世帯の入居延長希望者がいる。仮設を出るめどがたたない人も少なくない。被災地は二年連続の豪雪に見舞われた。これから迎える三回目の冬が穏やかであってほしいと切に願う。

大型企画として半年以上にわたって展開してきたシリーズ「復興公論」が本にまとめられた。生活再建のさなかにあって取材に応じていただいた被災者をはじめ、関係者の協力のおかげである。あらためて深く感謝申し上げたい。

二〇〇六年九月

新潟日報社取締役編集局長　竹内希六

目次

【目次】

第一章　風化させない

多くの命を奪い、十二万棟の家屋を損壊させた地震が起きてから、二度目の冬が来た。被災地では、なお二千六百十七世帯の八千四百三十四人が仮設住宅で生活し（二〇〇五年十一月末現在）、旧山古志村民が目指してきた〇六年九月の全戸帰村も危ぶまれる。なぜ、まだ八千人以上も仮設住宅で暮らさなければならないのか。帰村を阻むものは何なのか。住民や関係者、識者の議論で広く「公論」を起こしながら地域と地方再生への手掛かりを探っていきたい。

（二〇〇五年十二月）

風化させない1　危機感

関心薄れる霞が関
被災地と温度差拡大

元山古志村長・長島忠美は、東京で講演するたびに、激しいいらだちに襲われる。

「良かったですね。中越地震の被災者は、もうみんな家に帰れたんですよね」

そんな声が会場から寄せられるのだ。先日、自民党本部で開かれた地方県連女性部への講演会でもそうだった。

仮設住宅でもう一冬を越さなければならない人々、そして雪や氷雨の中で働く復旧作業員のほかには人影まばらな古里のムラ…。それがなぜ伝わっていないのか。

二〇〇五年九月の衆院選当選後、講師として呼ばれた回数は二十回に及ぶという長島。「このままでは中越地震は終わったことにされてしまう」と、青空の続く東京で危機感を募らせる。

「風化」の気配は、国の中枢である霞が関の官庁街、そして国会のある永田町にも色濃く漂う。

◆八千人も？

「えっ、仮設にまだ八千人以上もいるの？　そんなに大変なの？」

同年十一月中旬、被災地の状況を聞き、そう言って驚いたのは国土交通省のある幹部だ。中越地震発生時は内閣府に在籍、復旧に携わったこともあるキャリア官僚だった。

同じころ、衆院災害対策特別委員会が被災地を視察した。初めて現地入りした新委員長・大野松茂（埼玉9区）は山古志の土砂崩れダムに「想像を超えていた」と驚いた。特別委メンバーは総選挙で四十人のうち二十四人が交代、地震直後の惨状も含めて把握し続けている委員は既に少数派となっているのだ。

もちろん、与党や省庁トップらは「中越を忘れてはいない」（国土交通事務次官・佐藤信秋）とする。しかし、「復旧の担当部局以外は忘れているし、頻繁な異動で担当者も現地を知らなくなりつつある」と指摘するのは中央省庁に詳しい本県関係者だ。

◆「それなり」

そんな中で迎える〇六年度予算編成。県は「中越大震災に関する要望書」をまとめ、被災者生活再建支援金制度の充実などを最大懸案として国に要請中だが―。

霞が関にそびえる総務省。その中堅課長の一人は「阪神大震災では被害の甚大さはもちろんだが、国の税収がドンと落ち込ん

東京・霞が関の財務省と長岡市の仮設住宅。官僚たちが「被災地」に向ける意識は…（コラージュ）

だ」と語り「中越地震は国の財政にほとんど響かなかったが、それなりの支援をしたでしょう」と冷ややかに続けた。

中山間の、産業も乏しい過疎地での震災。「それでも十分に面倒を見てやった」ということなのか。被災地との意識のギャップが広がり始めている。

（二〇〇五年十二月十三日）

風化させない2　国の論理

前例化恐れ　拒む支援
地元の「怒り」促す声も

「死者一万一千人、建物の全壊・焼失八十五万棟、経済被害は百十二兆円…」。三十年以内の発生確率が70％とされる首都直下型地震による被害想定である。

この巨大震災に対する国の恐れが「中越地震被災者が住宅再建に向けて求めている被災者生活再建支援金制度の改正を阻んでいる」との見方が県などの関係者には少なくない。

それは、改正を拒む政府側の論理に表れる。

二〇〇五年十一月、首相官邸で開かれた全国知事会議。知事・泉田裕彦は「生活再建支援金は条件が厳しくほとんど使えない。使いやすいように配慮を」と発言、住宅本体の再建に使えず、所得制限もある国の制度を批判した。

これに答えたのは防災担当相・沓掛哲男。「わが国の伝統として、個人的な財産には直接（公費投入が）できないという強い観念がありまして…」とこれまでの公式見解を繰り返した。

◆公平さ強調

今、沓掛を補足するように財務省幹部は「日本は災害が多い。過去の例との公平性も考えなくてはならない」と説明、阪神大震災などとのバランスも必要と指摘する。

さらに、前防災担当相・村田吉隆は「首都直下型地震が起きたときの（膨大な）私有財産被害に財政支援が可能なのかということだ」と強調。「制度は、新潟のためにだけあるのではない」とも言う。

死者六千四百三十三人、全壊家屋約十万棟の阪神大震災に対し、中越地震の犠牲者は五十一人（二〇〇五年十二月十四日現在）、全壊は約三千二百棟―。永田町の与党や霞が関の官僚には「それでも中越には阪神並みの対策をした」として、〇四年の三千億円の補正予算編成や同規模の復興基金創設などを実績として挙げる声が少なくない。村田の言葉ににじむように、その意識は、既に東海地震や首都直下型地震に移り始めているようにも見える。

◆**世論が鍵に**

ただ、そんな状況に「中越地震を忘れさせないためには、新潟がどんどん声を出さなければ」との指摘も霞が関からは聞こえてくる。

「鍵は世論」と語るのは国土交通省都市計画課開発企画調査室長・渋谷和久。内閣府在籍中の〇三年に生活再建支援法の最高

＜復旧工事＞　雪に覆われた長岡市の山古志地域。「埋もれてしまう前に」。懸命な作業が続く＝2005年12月13日、同市古志竹沢の国道

支援額を三百万円に引き上げた改正にかかわった。阪神大震災後の同法制定時に比べ世論の関心が低く、財務省からは「だれも要望に来ないから」と抵抗されたという。

阪神大震災に比べれば数字上の被害は小さい中越。しかし、過疎の豪雪地で起きた地震だからこそ、復興への深刻な問題が数多く横たわる。

今冬、中越の被災地は早くも大雪に見舞われている。「新潟の県民が我慢強いのは分かるが、もっと怒った方がいいんじゃないか」。ある国交省幹部の言葉だ。

（二〇〇五年十二月十四日）

風化させない3　政治力

本県議員の声弱まる
「耐震偽装」支援と格差

「国は、地震で被災した住宅には『個人財産だから』と言って支援してくれないのに…」

小千谷市長・関広一は、そう語って複雑な表情をした。マンションなどの耐震強度偽装問題で国が打ち出した被害住民への支援措置に対する反応である。

二〇〇五年十二月六日、官房長官・安倍晋三が発表した措置は、自治体によるマンション買い取りや解体、建て替えを支援する異例なほどに手厚いもの。「国民生活の最も基本的な基盤である住宅の不安を払拭《ふっしょく》する」と安倍は会見で強調した。

「それならば、せめて被災者生活再建支援金を使いやすくして、中越地震にも対応してほしい」と、関は国の論理の矛盾を突く。市民からも不満の声が噴き上がり始めているという。

◆都市型与党

ある被災地住民は「偽装マンションで住民に厚い支援が行われるのは、都会で起きた問題だからではないか」とも言う。

〇五年九月の総選挙で与党・自民党は二百九十五議席を獲得して圧勝した。その中で、東京で三十一人当選と空前の勝利を収めたのをはじめ都市選出議員が急増。地方議員の声は相対的に弱くなったとされる。

住民の指摘は「自民党は都市型政党に変わりつつある」とみられていることを踏まえたものだ。

もちろん、それだけが要因とは言えないものの、「今の自民党では地方の声を反映できないのは確か」とするのは衆院議員・滝実（新党日本・近畿比例）だ。

郵政民営化法案に反対して自民党を離党した滝。同党在籍当時は被災者生活再建支援法の成立を超党派の議連事務局長としてリードしてきただけに、同法改正など復興に向けた本県国会議員の取り組みに期待する。

しかし今、与党・自民党の県関係国会議員で閣僚経験者は参院議員・桜井新だけ。同年十一月の内閣改造でも政務官すら生まれなかった。「一昔前に比べると、信じられないほどに国への発言力が弱体化している」（県幹部）とささやかれる。

◆元首相なら…

「田中先生が健在の時には、役人を連れてきて地図に赤い線を引けば、すぐに道路工事が始まったものだったが…」。旧山古志村の住民のつぶやきだ。

<議事堂>　東京・霞が関の官庁街から国会を望む。復興へ向けた「新潟の政治力」が求められるが…

十二年前（一九九三年）の十二月十六日に世を去った元首相・田中角栄。絶大だった政治力は今も被災者の脳裏から去らない。田中が築き上げた旧新潟三区の道路やトンネル、橋…。それらの多くを破壊したのが中越地震だった。

大都市を中心に起きた耐震偽装問題が被災地にも波紋を広げる中で、地方で起きた中越地震を風化させないための「新しい力」が新潟の政治家たちに求められている。

（二〇〇五年十二月十六日）

風化させない4　アピール

国予算 地方に裁量を
災害時の分権阻む中央

「国の復興予算は、縦割りで使い道を細かく定めすぎだ。被災者への行政サービスが十分にできない」

本県知事・泉田裕彦の訴えに他の知事らも続いた。「国の対策は、わざと使いにくいようにしてあると思うくらいだ」

二〇〇五年十一月十五日、秋田県で開かれた北海道東北知事会議での論議だ。

泉田は会議で「国が災害時に地方に資金を一括して送り、自治体の判断で柔軟に使わせる制度」を政府に求めていくアピールを提案。宮城県南部地震を経験したばかりの当時の同県知事・浅野史郎をはじめ、七道県知事全員の賛同で採択されたのだった。

◆外国には…

災害からの復旧、復興にかかわる国の制度の「制約」を指摘する声は少なくない。

その象徴が、利用者の所得制限があり、住宅本体の再建への使用が認められていない被災者生活再建支援金だ。

中越地震被災地への同支援金の給付額は〇五年十月末現在で計約十六億円。制限を少ない形にして創設した県独自の制度による給付額約七十億円の約四分の一にとどまる。

「復旧・復興関係の予算の使い道は現場を知る地方に任せてほしい」というのが、知事会議でのアピールの意味。中越地震の二カ月後に起きたスマトラ沖地震で、政府は被災国などに約五百億円を無償供与した。「外国には使い道も任せて金をポンと出すのに、なぜ地方には任せられないのか」と泉田は言う。

もちろん、霞が関の中央省庁の壁は厚い。本県が掲げる「災害時の分権推進論」が、まだ空論に近いものと受け止められているのは事実。若い知事の性急さも指摘される中で、「何をしてほしいのかよく分からない」(国土交通省幹部)との声も聞こえる段階だ。

◆「Xの法則」

阪神大震災以降、霞が関の政府関係者が「エックスの法則」と呼んでいるものがある。

被災者の復旧・復興への関心は災害直後のショック状態からの立ち直りとともに徐々に高まるが、国民全体の関心は時とともに低くなり、「グラフにするとXのような形を描く」のだという。

ある県職員は、その霞が関を訪れるたび

<古里> 深い雪に埋もれつつある長岡市の山古志地域の家屋。一棟一棟が家族の帰還を待つ=同市古志竹沢

に、こう言われると漏らす。

「これだけやった（支援した）のに、まだ足りないんですか」――。

（二〇〇五年十二月十七日）

風化させない5　被災地の責任

基本法制定へ声を
地域にも〝温度差〟

中越復興市民会議事務局長

稲垣　文彦さん

いながき・ふみひこ　1967年生まれ。明治大卒。中越地震後、旧山古志村でボランティア活動を始め、各団体の調整機関として市民会議を創設した。長岡市在住。

中越地震・復興公論「風化させない」は、今回からインタビュー形式となります。初めに、復興に向けた「被災地としての責任」などをテーマに、地元で活動する稲垣さんに聞きました。

×　　×

―中越地震が起きてから二度目の冬です。被災地で活動していて、東京などとの温度差や「風化」を感じる場面は。

「災害救援とか防災については全国的に非常に関心が高いが、災害からの復興をどう進めていけばいいかは全然議論にならない。復興は『当事者が考えること』という感じで、ゼロから議論を始める状態だ。みんな自分の身に降りかからないと分からない。温度差は県内でも長岡市内でも地域によってある。復興というものは、これからが一番大変なんだということを、被災地として訴えていきたい」

—今も生活再建のめどが立たない人が多い。当面の対策として具体的な提言はありますか。

「原則二年という仮設住宅の使用期限が悩みにつながっている感じがある。期限があるだけで不安なのに、家を建てるめどのついた人と、仮設を出られない人の格差が生じ、焦りも生まれている。『再建のめどが立つまで仮設で面倒見るので、ゆっくり考えて』と言うだけで、かなりの不安が解消されるはずだ」

—被災者生活再建支援制度などの使い勝手の悪さが指摘されています。

「支援法自体はありがたいが、制限も多く、制度の仕組み自体も特に高齢者にはすごく分かりにくい。それなのに、制度改正を求める声があまり盛り上がらないのは事実だ。県民性だろうか。被災地にフィットしていない面もあるので、改正へ向けて議論していかなければならない」

—国の論理は「住宅本体の再建には公費投入せず」です。

「いつまでもそれでいいのか。公費を住宅に入れられれば地域経済が活性化し、税収が増えることも考えられる。日本人は家を持つことに人生の達成感を持つ人が多く、住宅を失う喪失感も計り知れない。公費で建てろというのではなく、被災者が再建に前向きになるような支援を考えてほしい」

—復興に向けた制度や仕組みづくりは、どうあるべきと考えますか。

「今の制度は行政の縦割りの中、継ぎはぎだらけで分かりづらい。復興基本法など総合的な法制度があれば一番いい。阪神大震災以来の立法の議論を停滞させず、中越地震復興に何が足りないかをきちんと検証したい。それが『被災地の責任』とも指摘されている。今度大きな地震があったら中越は忘れ去られるだろうから、早く仕組みをつくらなければ」

—市民会議として目指している方向性はどのようなものですか。

「復興とは、人の暮らし、生きがいを取り戻すことだと思う。阪神大震災では地域性を無視して公営住宅を造り、被災者を入れるというやり方をした。それが家といえるのか。中越ではそこから一歩進み、被災者自身が参画し、さらに市民と行政が協力して、人が暮らしやすい新しい地域社会と地域福祉をつくり上げたいと考えている」

（二〇〇五年十二月十八日）

風化させない6　与党の姿勢

住宅再建は自力で農村型の法整備を

自民党災害対策特別委員長
井上　喜一さん

いのうえ・きいち　1932年生まれ。東大卒。55年に農水省に入省し、構造改善局長で退職後、86年に衆院初当選。防災担当相など歴任。兵庫4区選出、7期目。

―現場には住宅本体に使えない被災者生活再建支援金への不満が強くあります。

「基本的に住宅は、自分で守り、つくるんだという気持ちが必要だ。社会基盤は国や県が復旧させるが、私的なものは自分で責任を持つべき。どうしても建てられない人には公営住宅がある。法制度の検討は必要だが、そこが基本だ」

―政府は倒壊後の対策より、倒壊しないための対策を優先したいようですが。

「優先度からいえば耐震化が第一だ。地震保険の加入促進も、できる限り支援するべき。生活に直結したものに最優先で取り組んでいく」

—中越地震への関心が風化していると懸念する声があります。

「風化はあるかもしれないが、復旧しないということはない。国として対応は当然するが、（国民に）関心を向けさせるための政治の動きというものはない。新潟の議員が一致団結して動き始めればいいのでは…」

—中越地震の復興に必要な制度はどのようなものだと考えますか。

「阪神大震災のような都市型災害と、中越のような農村型災害は被害状況が異なる。個人的には、農村型の災害復旧基本法を作る必要があると主張し続けてきたが、政府の抵抗が強く一筋縄にいかない」

—農村型の復旧基本法の眼目は。

「例えば、一本しかない道路が被災すると孤立集落となる。道路整備が必要となるが、財政が弱い農村に負担を掛けないよう、補助率を高くしなければいけない」

—小泉政権となって地方は軽視されているという指摘もありますが。

「公共事業の削減という面で見れば、その通り。国土を均衡あるものにするには農村に人が住み続けられるよう産業も育てていかなければいけない。都市集中では、いい国造りにならない。総人口が百年で半減するという統計もある。そのときに、人が住まない地域が出てくれば、国土保全ができなくなる」

—中山間地の復興への糸口は。

「住民がよく考えるしかない。例えば旧山古志村は錦鯉や闘牛のように資源はある。生かしていけるものは多い。中山間地で暮らす人自身が真剣に考えないと、いいアイデアは出てこないのではないか」

—二〇〇六年度予算案の編成が大詰めを迎えています。災害復旧費の予算上の位置付けは。

「自民党も政府も、災害復旧は最優先として必要な額を確保してきている。国による災害復旧事業は原則的に三年間で完了させるルールとなっているが、災害によっては五年くらいかかるものもある。状況に応じて対応したい。また、事業は災害前の状況に戻すことも原則だが、近年は災害に耐えられるよう災害前より改善するケースもある。どんどん進めればいいと考えている」

（二〇〇五年十二月十九日）

風化させない７　山間地の課題

想定外の地盤崩壊
重点対応高齢者に

東大大学院教授

広井　脩さん

ひろい・おさむ　1946年生まれ。東大大学院修了。「災害社会学」を研究。政府中央防災会議委員など歴任。著書に「災害と日本人」など。群馬県出身。2005年４月死去。

―中越地震から一年余。「風化」傾向が指摘されますが、逆に明確となった課題も多いのでは。

「中越地震は財政が潤沢ではなく、防災対策が進んでいない自治体を襲った。被災で過疎化が進み、復興もままならないなど後遺症が大きい。全国の七割を占める中山間地の防災対策の必要性が浮き彫りになった」

―これまでの防災対策からは中山間地が抜け落ちていた、ということですか。

「都市災害を念頭に置いており、地盤崩壊は盲点だった。民間の地震保険も地盤は対象にしていない。山古志のような甚大な地盤災害は、現在の生活再建支援金の限度額である二百万円では復旧できない。地盤の耐震補強が求められている。山崩れで発生する孤立集落対策も必要だ。さらに、中山間地に多い高齢者対策が最も重要です。高齢者にとって避難所は階段や段差が多く不便だ。人がたくさんいて風邪をひきやすく、体力が弱る。高齢社会の避難所運営も考えなければならない」

—仮設住宅にまだ八千人以上が暮らし、生活再建のめどすら立っていない被災者が多いのが現状ですが。

「仮設住宅は建設解体に四百万円かかるのに、原則的には二年で壊す。もったいない。住宅再建する人に四百万円は貴重。仮設を作らずに、その金を住宅再建の原資に充てる選択肢があるべきだ。ニーズが多様化する社会だから、生活再建のメニューも多様化しなければいけない。さらに、仮設住宅は厚生労働省所管、恒久住宅は国土交通省という縦割り行政があるが、被災から復旧復興まで総合的、一体的に行う必要がある。被災者は避難所にいるときから、将来の生活をどうするかを考えているのだから」

―本県は「被災自治体への復旧・復興予算の一括配分と、その使途の自由化」を国に求めています。どう見ますか。

「住民ニーズにあった対応をするため、復旧予算を各省庁のひも付き補助金としてではなく、使い道が自由な地方交付税的にしようという発想は有効だ。国にお伺いした上で金が出るかどうか決まるのではなく、自治体の裁量で決まるようにすることが必要だろう」

―防災から復旧・復興までを網羅した「災害復興基本法」の必要性も指摘されています。

「これまでの防災計画は、予防、応急対策、復旧で終わり。災害対策は現状復旧しか考えてこなかった。災害をきっかけに防災力の強い町に復興させようという発想が欠かせない。市民から見れば生活再建が何よりの問題。防災に偏りすぎて、被災後の生活をどうするかが、なおざりにされてきた面もあった。『防災』と『救済』を合わせて考える思想がようやく芽生えてきたところだ」

（二〇〇五年十二月二十日）

風化させない8 「中央」との落差

ボランティアが鍵
活動支援 国動かせ

ノンフィクション作家

柳田　邦男さん

やなぎだ・くにお 1936年生まれ。東大卒。NHK記者を経てノンフィクション作家に。著書に「マッハの恐怖」「壊れる日本人」など多数。栃木県出身。

―阪神淡路大震災や中越地震の取材を続けておられますが、国などの被災者支援の動きは変わってきたでしょうか。

「耐震強度偽装問題では、政府が被害者補償をいち早く打ち出した。これまで行政は、原因が分からなければ手が出せない、という姿勢で水俣病などでは被害者を救済しないまま惨禍を広げていった。責任が未解明な民間企業による〝犯罪〟なのに手を打つのは前例のないことだ」

―なぜですか。

「災害でも犯罪でも被害者救済は国策で位置付けられるべきだ、との声が盛り上がってきたことなどが背景にある。もう一つ大きいのは、偽装問題が首都圏で起こったこと。水俣病のときにも、水銀汚染が東京の隅田川とかで起きたら全然展開が違った、と言われた。中越地震も、仮に東京周辺で起きていたら全然違っただろう」

—中央と地方の間にはもともと「落差」があるということですか。

「政治的に見捨てられてきた雪深い地域に田中角栄元首相が新幹線や道路を通し、住民に大変な恩典を与えた。だが、依然として一度災害が起これば、見捨てられたような扱いを受ける。急速な風化も目に見えている。今、非常にホットな偽装問題と裏腹な関係にある悲劇的な宿命だ」

—風化させない手だてはありますか。

「今、東京では中越地震がメディアに出る機会はほぼ絶無で、国の本質的問題として検証する姿勢がない。震災は被災者に生涯つきまとう。新生活の模索や病気との闘い、政治や行政との闘いの日々を地元メディアがフォローし続け、心ある人に訴えていくべきだ」

—具体的に震災報道に期待することは。

「阪神ではボランティアが『最後の一人まで』をキーワードに、行政から取り残される人を助けた。ボランティアは行政と衝突し、孤立しがち。その活動を支援し伝えることが必要だ。即効性はなくとも、ボランティア団体の思想や訴えは、じわじわ広がって国造りに影響を与えていく」

—被災地からは今も「角栄先生がいれば」との声が聞こえます。

「昔のような田中型政治は国民の合意を得られない。被災者に『見放すことはない』との姿勢を示すのが政治だと思う。阪神の被災者には『ボランティアがそばにいる』ということが精神的支えだった。そういう心の支援のために、政治家がボランティアを支援したり、被災者の声に耳を傾けたりしながら、中央と現地をつなぐべきだ」

—中央省庁の官僚たちは中越の被災地をどう見ていると感じますか。

「霞が関の人たちは『なぜ、そんなに不便な山間での生活を応援しなければならないのか。便利で開かれたところに出ればいい』と言うだろう。今のキャリア官僚は都市の中産階級以上の家庭で育った人が多く、山の中で汗水を流すことの生きがいや心情は分からない。そうした価値観とも闘わなければいけない」

（二〇〇五年十二月二十一日）

第二章　家を建てたい

中越地震の被災地では八千人を超える人々が再び仮設住宅で年を越した。誰もが古里に帰りたい。わが家を再建したい。しかし、その見通しも立たず、悩み、苦しむ人は少なくない。「復興公論」第二章では「家を建てたい」との叫び、つぶやきを豪雪の被災地で聞き、何が再建を阻んでいるのかを探る。

（二〇〇六年一月）

家を建てたい1　苦楽

仮設ごと山へ帰して
融通利かぬ制度　同居促す長男が救い

「家を建てる?　そんなこと考えたら罰当たるて。このまま仮設ごと山に引っ張ってってくれんかのう」

テレビの明かりだけが夕闇にともる長岡市千歳の仮設住宅の一室。原キノさん（81）は、そう言って、ほほ笑んだ。

◆電気消し

長岡市東部の山間集落・竹之高地町の自宅を中越地震で失ったキノさんは、四十年前に亡くなった夫の姉マスエさん（82）とともに仮設住宅で暮らしている。地震前から竹之高地の一つ家で身を寄せ合ってきた。一カ月の年金受給額は合わせてもらっている。

三万七千円。仮設住宅では光熱費を同市の平場に住むキノさんの長男に払ってもだから、蛍光灯をともす時間も惜しむ。夕方にテレビをつけている時にはその明かりに頼る。備え付けのエアコンをつけるのも朝の数分だけだ。「朝は冷えるから」とキノさん。シャツを二枚重ね着し、はんてんを羽織る。

仮設住宅での暮らしで生まれて初めて大根を買った。野菜など買ったことがなかった。夫の死後も、山でならわずかな田畑と年金だけで生きてこられたのだ。

二〇〇五年の春、長男から「一緒に暮らそう」と誘われたが、踏ん切りがつかなかった。「行きたいが」。身寄りがなく足腰の弱いマスエさんを放っておけない。一人ならまだしも二人だと…。

自給自足してきた竹之高地にも未練がある。だが、「地域の邪魔にならないように」と壊れた家をきれいに解体してしまったキノさんには、もう帰るところがない。

◆「対象外」

その解体も大変だった。国の生活再建支援法では、元あった場所に住宅を再建することが前提でないと解体のための支援金が出ない。再建のめどなどありようもないキノさんは対象外だ。融通が利く県の生活再建補助金を利用して、ようやく取り壊した。

制度の複雑さを体験したキノさんは、こうも言う。「法律は難しくてよう分からん。でも、仮設をつくるのに四百万かけるんなら、その金で竹之高地の家の近くに小屋建ててほしかったのう」

仮設住宅一戸分の建設・撤去費は約四百万円とされる。希望者には仮設建設の代わ

「電気を節約してるから、結露もせん」とほほ笑む原キノさん。マスエさん（左）と人生の苦楽をともにしてきた＝2005年12月25日、長岡市千歳１の仮設住宅

りに、その分だけの金額を住宅再建の一助として支給できないか―。県や被災地の市町村からも声が上がったが、実現はしなかった。

「だいたいのう。八十のばあさん二人に、四百万はもったいないかもしれん」。消え入りそうな声で続けるキノさん。だから、仮設ごと山に帰してほしいのだ。

◆つぶやき

十二月二十四日の夜、電話がかかってきた。「いつまで考えてるんだ。早く二人で来いよ」。長男からだった。涙が出た。「出てけって言われるまで仮設にいて、後は息子んとこでいい子になってようか」。苦楽をかみしめるようにキノさんが言うのを聞いて、マスエさんがつぶやいた。

「済まんのう。迷惑かけず、死にたいのう」

（二〇〇六年一月一日）

家を建てたい2　惜別

薄い支援　地盤直せず
友と離れて公営住宅へ

かん酒をコップで飲む手を休めて、川上一男さん（67）が言った。

「何とか復興住宅に入れそうだ。心配掛けて済まんかったの」。向かい合って飲んでいた川上勇男《いさお》さん（67）が、「そうか」と答えた。

中越地震で被災した小千谷市首沢《つむりざわ》集落の勇男さんの自宅。横殴りに雪が吹き付ける二〇〇五年十二月のある日のことだ。「復興住宅に入る」ということは、山間の首沢に残る勇男さんと別れ、平場に下りることを意味する―。

小中学校で同級生だった二人は、山で遊ぶときも、大人になって酒を飲むときも一緒。この日も仮設住宅からそれぞれの「わが家」に駆け付け、雪下ろしの後で飲み始めたのだった。

勇男さんの家は地盤の一部が二十センチほど下がったが、修理して再び一家で住めるようになった。しかし、県道を挟んで向かい合う一男さんの家は大規模半壊。地盤がひどくやられ、今も軒下には幅十センチほどの亀裂が十メートルも走る。

◆地滑り地域

「やっぱり、山を下りるわ」。一男さんが勇男さんに告げたのは〇五年の春先だった。

首沢川に沿って十六戸が細長く連なるムラは地滑り指定地域。新たに家を建てられる安定した地盤などない。「まともな土地なんてない。山を切って盛り土した家ばかりだ」と一男さん。首沢ではそんな家を「きっかけ屋敷」と呼ぶという。

現在の家の地盤を復旧するにも大金がいる。生活再建支援法にある地盤改良費(最高二百万円)や、県の復興基金にある宅地復旧工事補助(最高百万円)ではとても足りない。平場に小さな家を建てようかとも考えたが、そうなれば、これらの制度自体が使えない。

六十七歳では銀行からの融資も難しい。嫁いだ三人の娘たちからも「その年で無理しない方がいい」と言われる中で、復興公営住宅での妻との二人暮らしを選択した。

決断とともに新たな問題も起きた。同年七月、一男さんは大規模半壊の家を農作業小屋として使うため補強をした。法律で復興公営住宅の入居基準が「住宅が滅失した世帯」とあるため、小千谷市がこの補強した家を「滅失した」と認定するかが不安になったのだ。

市から吉報が届いたのが十二月。ただし「全壊世帯の入居が優先されるから（大規模半壊の一男さんには）確約できないが」

＜豪雪＞　昨冬に続き大雪に見舞われている被災地。「もう降らないでよ」＝長岡市千歳１の仮設住宅

とも言われている。

◆「本当は…」

首沢では、十六戸のうち十一戸が集落を去る。その中で一男さんは「自分の家は災害危険区域に指定しないように」と区長に頼んでいる。指定されれば、そこでの住宅再建が全く絶望となるからだ。一男さんの気持ちが、勇男さんには痛いほど分かる。

二人で飲み始めてから二時間後。「本当はここで家を建てたいんだよ」。一男さんが二度、繰り返した。

（二〇〇六年一月三日）

家を建てたい3　選択

二重ローンへ二の足
家族の応援に揺れる心

川口町の山あい、小高集落に石坂孝一さん（54）が建てた家は震度7にも耐えた。半壊と診断されたものの、修理すれば住める。しかし、住むことはかなわず、今も仮設住宅にいる。

小高集落が中越地震被災直後の二〇〇四年十一月、いち早く集団移転を決めたからである。一戸だけ残っても、暮らしてはいけない。

集団移転は集落を流れる相川川が土石流を起こす恐れがあるとされたため。しかし、孝一さんにはつらい選択だ。十二年前に建てた家は、工務店に勤める孝一さん自ら手がけた高床の基礎が自慢だった。それに、まだ住宅ローンに五百万円の借金が残っている。

◆返済プラン

「あと六年で定年だ。子どもに負担をかけたくないし、重ねてローンを組む勇気がない」。孝一さんがそう言って「小千谷市のアパートに入ろう」と提案したのは〇五年春のことだった。

妻の静子さん（48）が猛烈に反対した。「家は家族のきずなですから」と集団移転先の西川口地区での住宅再建を主張。小千谷の会社に勤める長女雪江さん（20）と長男直人さん（19）も「返済を手伝う」と言った。今春に高校を卒業し就職する二男司さん（17）が「おれは将来は家を出るけど、建てるなら協力する」と背中を押した。

孝一さんは同年十一月、返済プランを試算してもらうため銀行に向かった。「五十歳以上には普通は貸しませんが、地震なので特別です。ただ（負担が少なくて済むように）今のお住まいより小さい家を建ててください」とくぎを刺された。

二千万円借りると、二十年ローンで月十万五千円の返済。そこに今までのローンの残りがのしかかる。県は集団移転で「二重ローン」となった人を対象に復興基金で利息を補助（五年分を一括交付）する制度を打ち出している。

しかし、「同じ金を入れるんなら、住宅本体に入れてくれれば元金が減って返済が少なくなるのに」と孝一さん。「（残っているローンを）〝ちゃら〟にしてもらえれば」とも思う。実際、一九九九年に起こった台湾地震では、そうしたローンを銀行が肩代わりする制度がつくられている。

◆よぎる不安

孝一さんは休日は小高に戻り、部屋で薪《まき》ストーブをたき、好きな松本清張の本を読む。

＜夕食＞　山では大きな家で暮らしていた。仮設住宅では物干しの下での夕食だ＝長岡市陽光台

十二月二十三日も除雪を終えた後で薪に火を付けた。カバンの中に方眼紙があった。ようやく新しい家の図面を引く気になり始めたが、それでも不安がよぎる。

「本当に返していけるか。息子たちに借金を押しつけていいのか」

ラジオから耐震強度偽装問題のニュースが流れてきた。ため息が出た。

「（被害者への支援が）おれらより手厚いよなあ。こっちは、ちゃんと法律守ってつくった家が壊れたのに…」


（二〇〇六年一月四日）

家を建てたい4　孤独

一人では冬越せない
高齢化　帰郷、再建阻む

中越地震による仮設住宅入居者の古里への帰還と「わが家」再建を阻む大きな要因の一つが被災地域の著しい高齢化だ。再建支援制度の薄さが加わって、さらに事態を困難にする。

二〇〇五年九月一日時点で仮設住宅入居約二千八百世帯のうち、六十五歳以上の高齢者だけの世帯は約六百。うち約二百が一人暮らし。その後も高齢者世帯の占める比率が下がる材料はない—。

◆プレハブで

長岡市青葉台の仮設住宅で妻と二人で暮らす農業田中清さんは七十歳。旧山古志村虫亀の家は雪が降る前に解体した。

「建て直すのは無理だ。七十のおれには銀行も農協も金なんて貸してくんねえから…」。義援金で三百万円余の蓄えができたが、今後の生活を考えると手を付けるには勇気がいる。

長岡市は山古志地区住民を対象にした雪国仕様の安価な住宅モデルを〇五年十一月に発表したが、「安いといっても千数百万。とてもじゃないが」と田中さん。思案しているのは中古プレハブの購入だ。「あれなら五十万もあれば買えるし、（虫亀の家の跡地に）置くだけで住めるから」と本気で考えている。

高齢者を、一層厳しい状況に追い込んでいるのが「孤独」だ。

同市栃尾地区の仮設住宅にいる平沢ソカさんは八十四歳。夫を同年二月に胃がんで亡くし、一人暮らしとなった。

自宅は旧山古志村に隣接する半蔵金にある。一部損壊したが、県外にいる息子たちが駆けつけて修理、何とか住める状態となった。

だが、「雪がすごいねかて。半蔵金は家が見えなくなるほど積もる。おやじがいたら戻れるけれど、一人であそこの冬は越さんねえ」。仮設住宅の入居期限は原則二年間とされるが、「役所の人は追い出すようなことはしないと言ってくれている」。その言葉だけを頼りにしている。

◆老人ホーム

一人暮らし高齢者の住まいの難しさは街も同じだ。小千谷市中心部の自宅で被災した市川ミツさんは八十五歳。夫を二十年前に亡くしてからずっと一人住まい。昨冬は京都の長男の家に身を寄せたが、この冬は町内の仮設住宅で暮らす。

孫や嫁との同居、慣れない街での暮らし

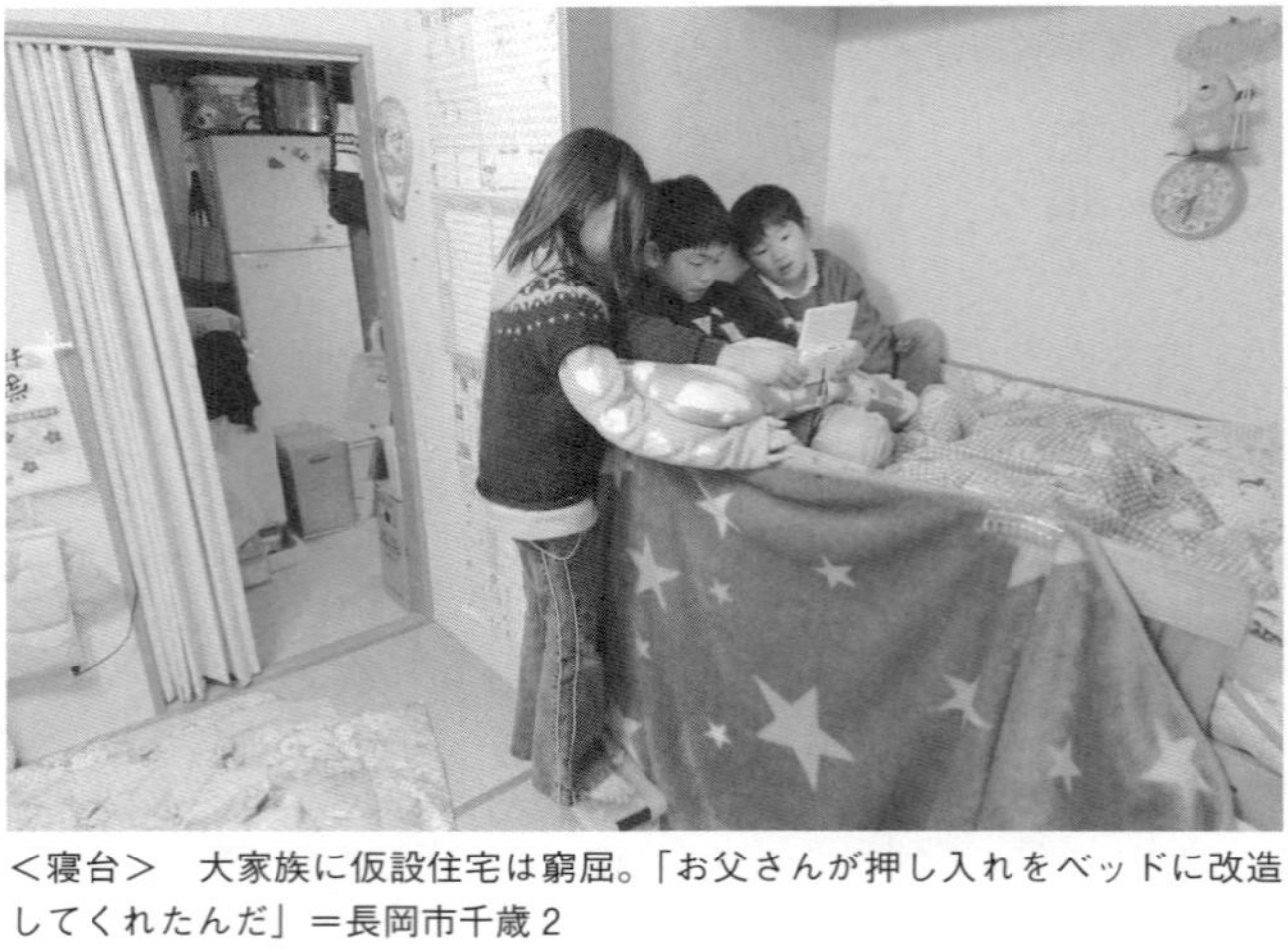

<寝台>　大家族に仮設住宅は窮屈。「お父さんが押し入れをベッドに改造してくれたんだ」＝長岡市千歳2

にリズムが合わず、小千谷へ戻ったのだ。「身勝手かもしれないが、住み慣れないところには行けない」とあらためて感じた。今冬も長男が迎えに来ると言って寄越したが、「来ないでくれと断った」という。

半壊の自宅は解体してしまった。市は公営住宅入居を勧めるが──。「ここから遠いし、四階だの五階だなんてところには住めない。ここで死ぬか、老人ホームに入れてもらうしかねえ」

ミツさんはそう語る。

（二〇〇六年一月五日）

第三章　家を建てたい

――提言　阪神・鳥取から

中越地震の被災地ではなお七千九百二十五人が仮設住宅で暮らし、記録的な豪雪に耐えている（二〇〇五年十二月末現在）。わが家を再建したいとの願いをかなえるには、どんな力と仕組みが必要なのか。同じ苦しみを体験した阪神・淡路大震災（一九九五年）や鳥取県西部地震（二〇〇〇年）の被災地は、それを実現させるためにどう闘ってきたのか。ルポ「家を建てたい」に表れた課題を克服する手だてを、「阪神・鳥取」の関係者とともに考える。

（二〇〇六年一月）

〝法の壁〟崩したい　克雪にも目配りを

生活再建支援法制定にかかわった

中島 絢子さん(65)

＝神戸市＝

長岡市の仮設住宅で被災者の声を聞く中島さん＝同市陽光台

中島絢子《あやこ》さんは、神戸市に事務所を置く「公的援助法」実現ネットワーク被災者支援センターの代表。大震災を受けて作家・小田実さんらとともに被災者を対象とした生活再建支援法制定を訴え、実現にこぎつけた。だが、制約の多い現行法は「まだ全く不十分」とする。

×　　　×

「大震災の二年後から被災者の電話相談を受けていますが、その内容と今、中越で聞く悩みは、ほとんど同じ。半壊と判定されて支援が受けられないとか、収入要件が厳しいとか…」。そう言って生活再建支援法の制約の多さを嘆く。

◆収入要件

中島さんは中越の被災地を訪れ、長岡市千歳の仮設住宅で過ごす原キノさん（81）にも会った。「家はうちらのすべて。壊れてなんも無くなった。この仮設ごと山に帰して」と語るキノさんに、「住み慣れた街に戻りたいと訴えた阪神のお年寄りの姿が重なった。中越の中山間地に住む人の『家』への思いは阪神より強いとも感じた」という。そうした中で、特に中越の被災者に重くのしかかっているのは「生活再建支援法の制約の一つである収入要件ではないか」と指摘する。

同法では被災した前年の世帯全員の収入合計で支援額が決まるが、「阪神でも要件に引っ掛かり、全壊世帯の三割しか支援を受けられなかった。大家族が多い中越は一層不利に働いているはずだ」との見方からだ。

さらに今冬の豪雪。克雪住宅建設には費用もかさむ。「再建したいという気力が衰えないかが心配。雪による二次被害に行政は目を配らないといけない」と言う。

◆「市民案」

一九九八年に成立した生活再建支援法は「全壊世帯への五百万円支給」を柱とした中島さんらの「市民案」からは大きく後退したものだった。

「法律は、できないより、できた方がいい。私たちは『小さく生んで大きく育てよう』と誓った。しかし、中越を巡ると、大震災から十一年目の今も小さいままだと実感してしまう」

同法は「五年をめどに見直す」との付帯事項に基づいて二〇〇四年に一部改正されたが、求めていた住宅本体の再建への適用は見送られた。

険しい状況の中で「次の改正（〇九年）を待っていては駄目。今、苦しんでいる人を助けないといけない」と強調する。

◆呼び掛け

法改正への取り組みは「行政や政治家が行うべきもの。でも、それがきちんとしていないから…」と中島さん。「国土庁の官僚から『神戸の人の声が聞こえない』

と言われ、私たちの自費でバスをチャーターして被災者の皆さんと上京したこともあります。資金がなく、日比谷公園でテントに泊まりました」と振り返る。

家への強い思いを胸に豪雪も克服しなければならない中越の被災者。「阪神と中越の連携で法律の壁を崩したい」と中島さんは呼び掛ける。

□

生活再建支援法　阪神大震災を契機に一九九八年に成立した。被災程度などに応じて家財などの購入費として最高百万円が支給されることになったが、住宅本体の修理・新築に充てることは認められなかった。二〇〇四年に改正され、最高二百万円の住宅関連経費ができたが、使途は壊れた住宅の解体費や利子補給にとどまり、住宅本体には使えないまま。全壊と大規模半壊が対象で半壊には適用されず、年齢制限、年収制限など制約が少なくない。

（二〇〇六年一月十五日）

環境変化最小限に欠かせぬ修理制度

復興住宅などの被災者を支援する

池田 啓一さん(42)

＝尼崎市＝

池田啓一さんは、阪神・淡路大震災の被災者支援を続けるＮＰＯ法人「都市生活コミュニティセンター」（兵庫県西宮市）の事務局長。神戸市の復興公営住宅で週一回の「ふれあい喫茶」を開いて入居者の悩みに耳を傾けている。復興住宅を見つめる池田さんの中越へのアドバイスは――。

×　　　×

「心配なのはマンションやアパートに慣れていない中越の農山村の被災者が復興公営住宅に入ったときに直面する環境変化です。マンション経験者が少なくない阪神でさえ復興住宅には不満の声が多いのに」と懸念。中越での生活再建は、できる限り持ち家の再建を基本にすべきだ、と説く。

◆姥捨て山

家屋全壊約十万棟、半壊約十四万棟に及んだ阪神大震災。兵庫県は二万五千戸もの復興公営住宅を建設した。被災者がどの復興住宅に入居するかは抽選で決められた。そんな高層の復興住宅が林立する神戸市の新都心、通称「ＨＡＴ神戸」に池田さんが開く「ふれあい喫茶」。ある日、立ち寄った男性は「鉄の棺おけのような所に、姥《うば》捨て山みたいに年寄りを集めたから活気がないんだ」と嘆いた。

「もともとの居住地を無視して抽選で決めたからコミュニティーが崩壊したんです。あの男性の住む棟では、この数年で二人が孤独死しました」と池田さんは説明する。

妻と二人暮らしという男性の住居は２ＤＫで家賃は月九千円。設備も申し分ない。しかし「仮設住宅にいたときには、それでも薄い壁の向こうから笑い声や怒鳴り声がした。ここでは厚い鉄のドアを閉めると外の世界と断ち切られてしまう。そんな声を、よく聞かされるんです」と池田さんは表情を曇らせる。

◆家屋解体

阪神でのコミュニティー崩壊については「地震二カ月後に被災した市街の区画整理事業が決定され、公費による被災家屋の解体が行われましたが、（ローラー的に実施されたため）直せば住める家も壊され、地域を離れざるを得なかった人が多かったことも響いた」とも指摘。

その中で、神戸市では、破損した住宅を対象に修繕資金を給付する国の応急修理制度（当時の最高額二十九万五千円）が市民に浸透せず、五百七十七件しか実施されなかったという。

同制度による給付額は中越地震時には最高六十万円になったが、「もっと上げるべきだし、仮設住宅に入居したら使えないという要件も撤廃しなければ」と訴える。撤廃すれば、中越の人々も今それを使えるからだ。

◆一戸建て

制約の多い支援制度の下、中越では仮設住宅入居世帯の16％が公営住宅への入居を考えている（二〇〇五年十一月現在の県まとめ）。阪神を教訓に、元の居住地ごとにまとまっての入居が志向され、一戸建てが検討されている地域もある。

「家を再建できれば、その分だけ復興住宅をつくる費用が浮く。中越は復興住宅一辺倒となった阪神の教訓を徹底的に生かしていってほしい」と池田さんは強調した。

□

復興公営住宅　原則として全壊の世帯で収入が月額二十六万八千円以下の人が入居できる。建設費は国が四分の三、市町村が四分の一を負担。家賃は収入や部屋の大きさに応じて決まる。中越地震では昨年十二月二十六日現在で長岡市の旧市域で百二十戸（三カ所）、旧小国町で六戸、小千谷市で九十六戸（三カ所）、川口町（五カ所）で八十戸を予定している。旧山古志村では建設戸数は未定だが、木造一戸建てを検討している。長岡市千歳の住宅には生活援助員が常駐する。

（二〇〇六年一月十六日）

住居あっての福祉 市場原理歯止めを

震災と住まいのあり方を研究する

早川 和男さん(74)

＝神戸市＝

「高齢者福祉にはきちんとした住居が欠かせない」と語る早川さん

早川和男さんは神戸大名誉教授。そして阪神・淡路大震災後の二〇〇一年に全国の建築、社会福祉の専門家らで発足させた「日本居住福祉学会」の会長だ。中越の被災地も再三訪れ、高齢化が著しい地域での住宅再建の困難さを目の当たりにした。そして高齢化地域だからこそ、社会政策としての手厚い支援が必要と主張する。

×　　×

阪神大震災当時、神戸大教授だった早川さんは「引っ越しうつ病」という症状を起こした高齢の被災者を見てきた。「年老いてから転居し環境が急変すると、心身に大きな影響を及ぼすことがある。自覚症状がないまま認知症などを引き起こし、最悪の場合は死に至ることもあります」と語る。

◆いらだち

「だから、住み慣れた街というのは高齢者にとって決定的に重要。隣人との助け合いや街の光、音、見慣れた風景はその暮らしを支える重要な要素」と強調。「福祉関係者は福祉のサービス内容だけを重視しがちだが、サービスを受ける場所である住居がきちんとしていないと高齢者福祉というものは成立しないんですよ」と説く。

早川さんは中越地震発生後の二〇〇四年十一月二十八日、日本居住福祉学会長として新潟県庁で会見し、住宅補償費の増額などを柱とした政府への要望書を発表した。

それから一年と二カ月。いまだに住宅本体の再建への公的資金投入が実現しない中で、「災害に遭うと、家があることは幸せだということを強く実感するもの。中越地震で住居の意義があらためて分かったはずなのに」といらだつ。

◆社会政策

旧建設省の諮問機関である住宅宅地審議会の答申で「これからの住宅政策は、さらに市場原理に委ねていくべきだ」との方針が打ち出されたのも一九九五年の阪神大震災直後のことだった。それ以来、住宅確保は自己責任でという国の姿勢は変わっていないという。

「欧米では住宅政策は社会政策の一環として位置付けられ、国の責任で金が投入されてきた。一方で、日本の政策は戦後一貫して市場原理が優先され、土地や住宅が利益追求の手段とされてきました」と早川さん。耐震強度偽装問題への怒りも込めながら、「市場原理、自己責任というマインドコントロールにかかっているのは、先進国では日本だけです」と政府を強く批判する。

◆新たな波

そんな早川さんが評価するのは二〇〇〇年に発生した鳥取県西部地震で同県が独自に住宅本体再建への支援金給付（最高三百万円）に踏み切ったこと。過疎・高齢地域の鳥取から市場原理を変える新しい波が出てきたと思ったという。さらに、同じ過疎・高齢地域で起きた中越地震での本県の対応にも注目したと言うが―。

早川さんは「高齢者に限らず、地域密着型の生活様式を持つ人たちには、そこで住めるように行政が最大限の配慮をするべきだ。山古志などの中山間地復興は、そうした試みのいい機会になるはずだ」と力を込める。

□

仮設住宅の高齢者　県のまとめでは、中越地震被災地の仮設住宅で六十五歳以上の高齢者だけが暮らす世帯は〇五年九月一日の時点で六百十九世帯。このうち一人暮らしは二百三世帯。仮設住宅全世帯に占める割合はそれぞれ21％、７％となっている。また長岡市山古志支所によると、山古志地区の同年十二月上旬時点での高齢者世帯は百六十五世帯（30％）、うち一人暮らしが四十四世帯（８％）となっているなど、中山間地域での高齢者世帯率の高さが目立つ。

（二〇〇六年一月十八日）

修復に柔軟支援を想定外へ備え必要

防災を専門とする神戸大名誉教授

室崎 益輝さん(61)

＝東京都＝

「中山間地の住宅再建には公共性がある」と強調する室崎さん

神戸大の名誉教授、室崎益輝《よしてる》さんは都市防災の専門家。阪神・淡路大震災では自らも被災した。現在は独立行政法人消防研究所（東京・三鷹市）の理事長として、防災対策を推進させるため全国を駆け回る。中越地震被災地を目にした室崎さんは、「地盤被害」が住宅再建の障害になると直感したという。

×　　×

「まず、被災した地盤の危険度を判定するシステムが欠かせない。住民が同じ敷地で家を修理するのか、別の場所に建て替えるのかをきちんと判断できるようにすべきだ」と室崎さんは言う。

中山間地を中心に発生し、中越地震の特徴とされた地盤被害。亀裂が入ったり崩落したりした土地を修復するには、建物と同様に多額な費用が必要となる。

◆メニュー

「だから、同じ敷地を修復して住む場合には、どれくらいの費用がかかるのか正確な情報を伝えることも必要。そして膨大な費用となるなら、集落近くの安全な場所に家をまとめていくような施策を進めていかなければならない」とする。

さらに、室崎さんは「中越地震の被災地では住宅再建のメニューが貧困だった」とも指摘。地盤被害などに対応していくには、行政側が多様なメニューをそろえた上で被災者に選択してもらうシステムが必要と説く。

◆論理矛盾

「例えば、被災者に五百万円分のクーポンを支給し、その枠の中で『住宅の修理に三百万、地盤の改良に二百万』というように被災者が自由に決められれば」と提案。「仮設住宅は建設と撤去費で一戸当たり四百万もかかるが、後には何も残らない。そして復興公営住宅をつくる費用もかかってしまう。国は効率的に税金を使っていない。被災者の立場になって考えるという原則を忘れてはいけない」と訴える。ただ、そうした提案を具体化させていくには、まず、住宅本体の再建に使えない国の被災者生活再建支援金の仕組みを変えなければならない。

室崎さんは「農水省は個人資産である水田の整備に税金を使っている。それなのに『個人資産の住宅には税金を入れられない』というのはおかしい」と国の論理の矛盾を突き、「とりわけ、集落を守り、中山間地を守るための（中越地震被災地の）住宅の再建には公共性があるはずだ」と強調する。

◆悪い法律

室崎さんは、これまでに全国各地の被災地を巡り、法律が想定する以上の甚大な被害を受けた現場を目の当たりにしてきた。中越の被災地の地盤被害も、その最大級のものだった。
「災害は、法律の想定範囲を追い越してしまうもの。柔軟に対応できるようにした法整備が必要です。『法律にないから』といって、被災者を助けられないのなら、それは悪い法律なんです」と力説した。

□

地盤被害　中越地震の発生直後には、三千三百三十件の被災宅地危険度判定調査の実施要請が市町村（被害が甚大なため把握作業が不可能だった旧山古志村を除く）から県に寄せられた。その結果「危険・要注意」の宅地が八百七十件、「軽微」が二千四百六十件となった。道路の地盤被害は六千六十四カ所（同様に旧山古志村、川口町を除く）。がけ崩れや地滑りは二百六十七カ所に及んだ。長岡市の高町団地では造成時の盛り土部分が崩落、一時は全世帯に避難勧告が出された。県の復興基金では、住宅金融公庫などの融資を受けられない人を対象に「被災宅地復旧工事補助」（最高百万円）を実施している。

（二〇〇六年一月十九日）

住宅再建制度を創設した兵庫県知事

井戸 敏三さん(60)

＝神戸市＝

「公助」拡充へ実績
本県にも戦略必要

兵庫県は二〇〇五年九月、全国初となる「住宅再建共済制度」をスタートさせた。十一年前の阪神・淡路大震災を教訓にした相互扶助による将来への備えだ。それを考えることは、中越地震被災地での住宅再建のために今、何が必要かを考えることにもつながる。制度創設に踏み切った井戸敏三・兵庫県知事に聞いた。

×　　×

共済制度の掛け金は年五千円。それによって、自然災害で「半壊」以上と判定された住宅を再建（新築・購入）した場合には一律六百万円が給付される＝80ページ図参照＝。

「住宅一戸の再建には平均で千六百万円かかるとされています。その半分を支援するとして八百万円。しかし、私有財産である家に対して、そんなに多額の税金は出せない」と知事。「だから、公助（国の被災者生活再建支援法）で二百万円出してもらい、それに共助（共済制度）の六百万円と、貯金などによる自助八百万円で家の再建ができると考えた」と語る。

◆「前払い」

行政による「公助」、住民の相互扶助による「共助」、そして住民一人一人の「自助」。そのうちの共助に当たる共済制度について「私たちは『義援金の前払いだ』と言っている。掛け金を払っても給付を受けるとはかぎらないが、互いに助け合おうという精神が大切だ」と知事は強調。「新潟を含めて他の都道府県は、まず兵庫が成功するかどうかを見ていると思う。それには制度への加入率が重要。順調なら全国的な制度になる」と言う。

ただ、「十年で50%」を目標としている加入率は〇五年十二月末時点でまだ2・7%。「風化させないために阪神大震災から十年後の発足にこだわったが…」と厳しい表情も見せる。

◆財政事情

共済制度は将来の自然災害に備えるもの。当然ながら、十一年前の大震災で家を失い、復興公営住宅で暮らす人々には適用されない。仮に今、中越の仮設住宅で耐えている人々が加入しても、恩恵はない。

そんな中で、二〇〇〇年の鳥取県西部地震の発生後すぐに、同県が独自に住宅本体の再建に最高三百万円を給付したことを評価する声もあ

「兵庫県住宅再建共済制度」の仕組み

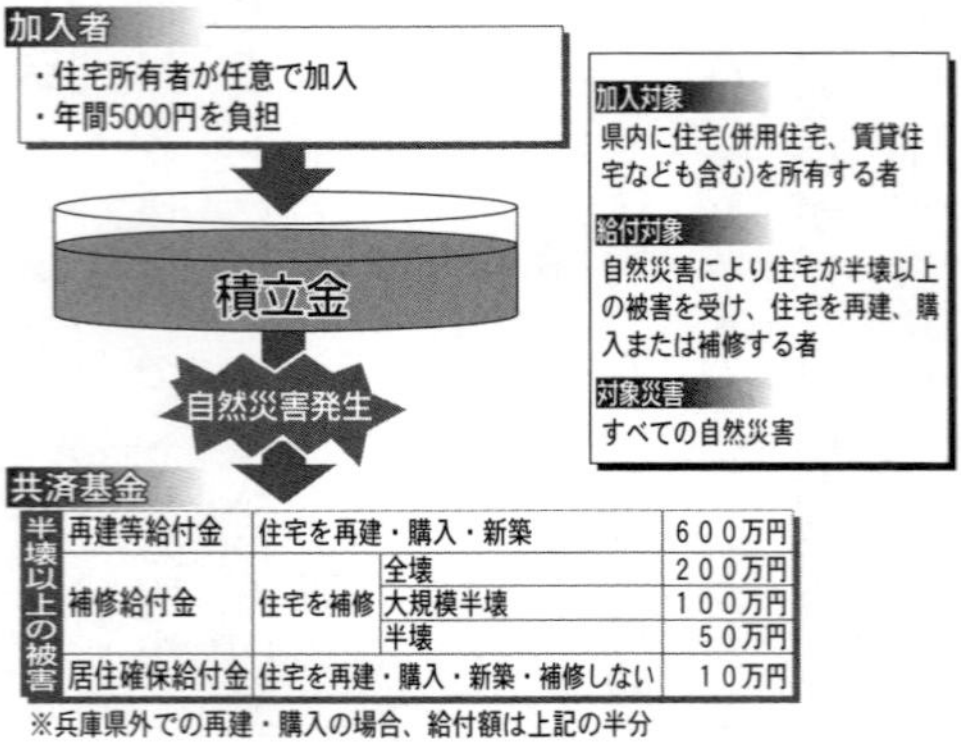

加入者
・住宅所有者が任意で加入
・年間5000円を負担
積立金
自然災害発生
加入対象
県内に住宅(併用住宅、賃貸住宅なども含む)を所有する者
給付対象
自然災害により住宅が半壊以上の被害を受け、住宅を再建、購入または補修する者
対象災害
すべての自然災害

共済基金

半壊以上の被害	再建等給付金	住宅を再建・購入・新築		600万円
	補修給付金	住宅を補修	全壊	200万円
			大規模半壊	100万円
			半壊	50万円
	居住確保給付金	住宅を再建・購入・新築・補修しない		10万円

※兵庫県外での再建・購入の場合、給付額は上記の半分

る。

これに対し「阪神大震災のときに（鳥取県と）同様の支援を行うことは財政上、不可能だった」と井戸知事。全半壊約二十四万棟の阪神と、同三千五百棟の鳥取の規模の違いを指摘する。

◆壁を崩す

ただ、一方で共済制度の前提である国の生活再建支援法については「いまだに支援金を住宅本体の再建に使えないという壁を崩せない。新潟とも連携しながら、何とか取り払わなければ」と力を込める。

共済の実績を積み重ねながら、国による公助拡充を求める兵庫。国を待たず、自ら公助を打ち出した鳥取。約一万七千棟が全半壊した中越地震の復興に向けて、本県にも戦略が必要と提言しているようにみえる。

□

兵庫県の住宅再建共済制度　一九九五年、阪神・淡路大震災の発生を受けて兵庫県は国民全員が加入する共済保険制度案を提唱。しかし、九六年には生活再建のための国などによる公的補助拡充を求める声が強まったため共済論議はいったん下火に。全国の市町村も共済制度により事務作業が増えると難色を示した。そうした中で、同県は二〇〇三年に県独自の共済制度を目指して「被災者住宅再建支援制度調査会」を設置。過去百年の自然災害被害のデータから掛け金などを算定し、〇五年九月に同制度をスタートさせた。

（二〇〇六年一月二十日）

家を建てたい―提言　阪神・鳥取から６　公費

トップの決断次第
地域要望生かして

住宅再建を補助した鳥取県の防災監

衣笠 克則さん(55)

＝鳥取市＝

中山間地域の崩壊を防ぐためには「一刻も早く手を打つ必要があった」と語る衣笠さん

二〇〇〇年十月に発生、最大震度６強を観測した鳥取県西部地震。同県は被災者の住宅再建のために最高三百万円を補助した。「私有財産への公費投入は認められない」とする国の強い圧力の中での片山善博知事の決断だった。知事の右腕として働く同県防災監・衣笠克則さんに、決断の背景や考え方を聞いた。

×　　　　×

鳥取県西部地震での同県内の住宅被害は全半壊が約二千九百、一部損壊一万四千。打ち出されたのは住宅新築に最高三百万円、補修には同百五十万円を県、市町村が補助するものだった。

「地震では、とりわけ高齢者が多い中山間地が被害を受け、地域が崩壊する可能性がありました。（人口流出を防ぐため）一刻も早く手を打ちたかった」と衣笠さん。やはり中山間地を襲った中越地震との共通点を挙げながら振り返る。

◆スピード

補助制度の発表は地震発生から、わずか十一日目。予算の裏付けもないままの見切り発車だったが「スピードが必要で、現場感覚が大事だという考えでした。被災直後から幹部職員が市町村役場に出向いて陣頭指揮しました。片山知事は地震の翌日から現場に通って被災者の声を聞いて『復興には住宅が基本』だと知ったんです」と語る。

仮設住宅一戸当たりの建設・解体に四百万円もかかるのなら、それを住宅再建に投入すればいい、というのが知事の考えだった。

◆憲法違反

そして、鳥取県の補助制度の特徴は、被災前と同じ地域に住宅を再建することだけを適用条件とし、被災者の収入は問わなかったことだ。

衣笠さんは「(同じ地域の中に)収入が高いから支援を受けられない人がいるのはおかしい、と知事は考えた」と語り、地域のコミュニティーを維持することが狙いだったことを説明する。問題は、国との折衝だった。「知事が霞が関に事前報告に行ったら担当者から(公費投入は)憲法違反だと強く批判されました。知事は憲法の何条に書いてあるのか、と反論しましたが…」

国による支援が見込めない中で、補助は鳥取県の単独事業として実施。三年間で県費約五十六億円が注ぎ込まれた。

◆効果あり

中越地震では鳥取の約六倍の住宅が全半壊した。本県が同じ制度に踏み切れば、単純計算で三百三十億円余が必要となる。中越地震のため前年度の四倍を盛った二〇〇五年度県当初予算の災害復旧事業費（約三百六十億円、道路・河川などに充てる）に迫る額だ。

しかし、「こうした制度はトップの決断次第。もし、片山知事が新潟にいたら、やはり同じことをしたでしょう」と衣笠さん。「被災者の県外離散などによる人口急減を避けられたのは、補助制度の効果です」と自負している。

□

鳥取県西部地震　二〇〇〇年十月六日午後一時半に発生。鳥取県西部を震源とし、マグニチュードは7・3。中国、四国、近畿地方を中心に広い範囲で揺れを観測した。死者は出なかったものの百八十二人が負傷。住宅被害は全壊が四百三十五棟、半壊三千百一棟、一部損壊は一万八千五百四十四棟に上った（いずれも被害が及んだ一府九県の合計）。鳥取県では山間部の日野町などで最大震度6強を観測した。同県の被害総額は四百八十五億円。中山間地で住宅の被害や地盤崩壊が相次いだ。

（二〇〇六年一月二十二日）

家を建てたい━提言　阪神・鳥取から７　効果

制度が心の支えに山間地の流出防ぐ

鳥取県の住宅再建補助を検証する

浅井 秀子さん(45)

＝米子市＝

浅井秀子さんは鳥取短大生活学科の講師。建築計画を専門とし、二〇〇〇年十月に発生した鳥取県西部地震を受けて同県が打ち出した最高三百万円の住宅再建補助金制度の効果を調査している。地震から五年余。高齢化が進む中山間地に投入された「公費」は、どう生かされたのか。

×　　　×

「補助金によって、被災地から他地域への人口流出が抑えられた。地域住民の自力再建支援に貢献したことは確かです」というのが浅井さんの見解だ。

◆人口微増

地震発生時、二〇〇〇年の同県西部十四市町村の人口は二十四万九千五百五十五人。それが二年後には、わずか二百人ほどながら増え、世帯数も微増している。

西部の山あいに位置し最大震度6強が観測された日野町では、全世帯の三分の一以上の五百七十戸が全半壊したが、被災を理由にした人口流出はなかったとして〇三年に復興宣言した。

そんな状況の調査を基に「三百万円の支援だけで家を再建するのは難しい。しかし、少しでも借入金が少なくなれば建てた後の生活のめどが見えやすくなります」と浅井さん。中山間地の高齢世帯などでは「家を小さくして三百万円程度で建て直したケースをはじめ、補助額に合わせた工夫も目立ちました」と語る。

◆小さな家

一例として挙げられるのが日野町の隣、伯耆《ほうき》町の安達一孝さん（77）、音子さん（78）夫妻の住宅再建だ。

十戸ほどの集落で農業を営む夫妻は全壊した自宅跡に平屋を新築した。六畳の居間と四畳半の寝室、台所だけ。部屋数を元の家の半分ほどにして大半を補助金で賄った。三百万円に伯耆町が独自に上乗せした百万円、そこに貯蓄を加えて計五百万円。夫妻は「補助があったから、ここを離れずに済んだ」と言う。

浅井さんが地震半年後に日野町で行ったアンケート調査によると、対象となった住民の九割以上が「（現地に）住み続けたい」と回答した。鳥取県が地震後すぐに打ち出した補助制度は、山間の古里に住み続けようという人々の「心理的な支えになっ

補助制度を使って再建した安達さん宅。小さな家だが「二人暮らしにはちょうどいい」という＝鳥取県伯耆町

たのではないか」とも浅井さんは言う。

◆国勢調査

浅井さんは中越の被災地にも地震発生から半年後に入り、同様のアンケートを試みた。しかし、被災者にとって、まだ判断できる段階ではなかったのか、具体的な回答はほとんど得られなかったという。

二〇〇五年十月一日現在の国勢調査。中越地震被災地八市町（当時）を合わせた人口は、その五年前の調査に比べ２・５％も減少した（県平均は１・８％減）。最大震度７を観測した川口町の減少率は９％にもなった。

そうした中から聞こえる「仮設住宅ごと山に帰して」との嘆願や「中古プレハブに住むしかない」とのつぶやき——。

浅井さんは、中越の被災地を見て「あらためて鳥取の支援策の有効性を感じた」と言う。

□

鳥取県西部地震での住宅再建補助　住宅の新築に一戸あたり三百万円を上限に県と市町村が補助した。住宅、石垣の補修は百五十万円が限度。申請件数は住宅新築が五百二十件、補修が約一万二千件。県の補助額はそれぞれ約十億四千万円、約四十一億円となった。同県では今後の災害でも同様の補助ができるよう市町村に出資を呼び掛け基金を設立。五十億円を目標に毎年積み立てを行っている。

（二〇〇六年一月二十三日）

第四章　ムラが裂かれる

中越地震の被災地では、元通りに「家を建てたい」と願いながらも、住み慣れた山あいの集落から平場へと移転を決断するケースが相次いでいる。多くが、生木が裂かれるような形でのムラとの別離だ。背後には復興に向けた制度的問題も浮かび上がる。「復興公論」第四章は、戸数が地震前の三分の一に細ろうとしている小千谷市塩谷集落をルポする。

（二〇〇六年二月）

ムラが裂かれる1　別離

集団移転　苦渋の決断
格安の土地が背中押す

星野武男さん（47）はムラを離れることを決めた。中越地震でほとんど全戸が全半壊し、小学生三人が犠牲となった小千谷市東部の山間集落、塩谷。星野さんはそこに残り「家を再建する」と、ずっと言い続けてきた。

「だから、裏切りのようなもの。悪者扱いしてもらった方が楽だ」

だが、責めるような人は、誰もいない。

◆ざわめき

二〇〇五年の十一月二十五日。塩谷の全四十九世帯のうち、約四十世帯が暮らす同市千谷の仮設住宅で、集団移転の説明会があった。

「坪当たりで、四万五千円です」

市の担当者の言葉に集会所がざわめいた。仮設住宅近くの平場に造成される移転用地の坪単価だ。普通なら坪十一万円はする土地。自宅が同じ全壊、大規模半壊でも集団移転の制度に乗らない人は、七万円を払わなければならない。

塩谷に残ると決心していた星野さんも一応は説明会をのぞいた。破格の値に迷いが生じた。市の担当者から言われた。

「三日後の午前中までに結論を。まだ土地は残っています」

長さ二十メートルの亀裂が二本も走る星野さんの自宅跡地。地盤改良だけで五百万円もかかりそうだ。集団移転すれば、そのカネで百坪以上も買える。さらに、そこで家を建てれば最高六百五十万円の利子補給が一括で受けられるという—。

〇五年五月、塩谷で行われた調査で「集落を離れる」と答えたのは四十九世帯のうち二十四世帯。ムラの復興に意欲を燃やしていた星野さんは「山を下りる人は、地震を理由にした便乗引っ越しだ」と思っていた。

そんな星野さんが集団移転の申し込みをしたのは、期限ぎりぎりの三日後のことだった。

「塩谷に残る人には悪いと思う気持ちしかない…逃げているといわれても仕方がない」。星野さんは、今も目を赤くしながらそうつぶやく。

◆雪洞の祠

長岡市内の工場に勤める星野さんは、休日になると朝早くに仮設住宅を出て塩谷に向かう。

全壊した家の下敷きになって命を落とした二女の和美さん＝当時（11）＝。息絶えた脱衣所のあった場所は四メートル近い雪の壁になっている。星野さんはそこに穴を

＜鎮魂＞　豪雪に埋まった自宅跡地で手を合わせる星野武男さん。まな娘だった和美さんに語りかける＝小千谷市塩谷

開け、祠《ほこら》をつくり、線香と花を手向け、語りかける。

「ちょっとだけ遠くに行くけど…。（山を）下りたくて、下りる人なんていないいんだよ」

同年十一月の集団移転説明会を機に、塩谷を離れると決めた世帯はさらに増え、今は三十戸に。星野さんら小学生を亡くした三世帯も、すべてがムラに別れを告げる。

（二〇〇六年二月五日）

ムラが裂かれる2　意地

「故郷捨てろ」も同然
支援策　残る人に冷たく

屏風《びょうぶ》のような山々に囲まれた小千谷市塩谷。区長の関芳之さん（54）は集落センターの屋根の雪を掘る手を休めて、ムラを見回した。

「あそこもここも、そこもだ。みんな、いなくなってしまう」

指さす先には、冬晴れの下で白く輝く更地がある。中越地震で壊れ、解体された家の跡地だ。

地震前にあった四十九棟の住宅のうち今も建つのは十六棟しかない。三十世帯が平場に移転する決意を固めており、新築を予定するのは区長をはじめとする二、三人しかいない。

◆移転制度

長岡市の建設会社に勤める関さんは二〇〇五年四月に区長となった。以来、市役所を訪ねては「塩谷に残ろうとする人への支援制度は、もっとないのか」と訴えてきた。

自身も家を全壊と判定され、地盤にも大きな被害を受けたため、四年前に廃校となった塩谷小学校の跡地に移ることにしている。

しかし、そのために利用できるのは「がけ地近接等危険住宅移転事業」という制度だけ。集団移転（正式には防災集団移転事業）に比べると利子補給が約二百五十万円も少ない。土地の造成費についても自腹を切らなければならない。

「市からは、移る先が自分の家から近すぎて集団移転の制度は使えないんだと言われてね」と関さんは振り返る。

その一方で、市は塩谷から離れた平場への集団移転を住民に説明する。格段に有利な条件。関さんとともに小学校跡地に移る計画だった人々もなびいていく。区長にとって、市の説明は「塩谷を捨てろ」というのも同然。ムラを引き裂こうとするものにも聞こえた。

実際、市の担当者からは「今の国の政策は、仮設の人たちが山に帰ることができない政策になっている」と言われた。悔しくて、いつも持ち歩く黒い手帳にそのセリフを書き付けた。陳情の際には、関広一・小千谷市長からも「集落に残る人への補助制度はありません」と言われたという。

もちろん、市だけを責める気持ちはない。しかし、何とかしてほしかった。「これからの復旧が大変な山に残る人に手厚い支援があるなら分かるがね。こんな制度なら中山間地なんて地震に遭ったら全部無くなってしまうよ」と声を荒らげる。

＜山里＞　小千谷市の東山地区にある塩谷の集落。壊れ、解体された家々の跡を雪が覆う（本社ヘリから）

◆区長再任

関さんは区長になって酒量が増えた。集落センターの雪掘りを終え、妻と二人の息子とともに暮らす仮設住宅に帰ってからも、焼酎を飲みながら語り続けた。

「偉い人は中山間地を守るべきだとか言うけどさ。頑張ってくださいと言われるおれたちの身になってくれ…」

それでも、もう一年間、区長を引き受ける。「塩谷に居続けるのは、おれの意地だけだ。出ていく人には何の責任もない」。つぶやいて五杯目を飲み干した。

（二〇〇六年二月六日）

ムラが裂かれる3　距離

豪雪に追われ平場へ
公営住宅集落内なら…

塩谷集落の人々が暮らす仮設住宅は、山を下りて信濃川を渡った先にある。その小千谷市千谷《ちや》の平場は、復興公営住宅の建設地でもある。

集落から車で西に三十分足らず。しかし、この距離がどれほど遠く感じられるかは、住民でなければ分からない。

塩谷を離れる三十世帯のうち十三戸が復興住宅に入ることを決めている。今冬の記録的豪雪が、背中を押した。

◆「選択肢」

「せめて（塩谷も）これくらいの雪で済んでくれたらのう」。千谷の仮設住宅。屋根から下ろした雪が下半分を遮る窓から空を見上げて、星野幹二さん（84）が言う。

塩谷の積雪は千谷の倍近い。そのムラの家は中越地震で全壊と判定された。長男は四年前に急逝、市内の縫製工場で働く嫁のひろみさん（49）が一家五人を支えている。

「わしら夫婦は足腰弱って雪掘りもできねえ。塩谷に残れば、母ちゃん（ひろみさん）一人に雪掘り、雪かきを押しつけることになる」

新築ローンは負担が大きい。残る選択肢が、収入に応じて家賃が二万―五万円で済む復興住宅だった。

同じく復興住宅に入居予定の友野音蔵さん（82）も、仮設住宅の四畳半でため息をつく。

「塩谷には帰りたいが、もう、どうにも…」

地震前の二〇〇四年九月に妻ヨサさん（79）が、くも膜下出血で倒れ入院生活となった。ヨサさんと過ごす余生、「雪掘りで人の世話にならんでもいいように」と融雪式屋根に改装したばかりの家も地震で崩れ落ちた―。

豪雪に追われるように平場の復興住宅入居を決めた人々。しかし、雪深い塩谷であっても「ムラに復興住宅を建てるからみんなで（集まって）暮らそう、という話があれば残ったかもしれない」（友野さん）との声が漏れるのも事実だ。

長岡市の旧山古志村や川口町では「コミュニティーを維持するため」として、山間集落にも復興住宅を造る。

一方、小千谷市が建設するのは平場だけ。「山間集落への建設を求める声はほとんどない。塩谷の人たちが一回、要望に来ただけ。山を下りたいという住民も多い」というのが同市総務課の説明である。

<掘る>　ムラの集会所を守るため屋根雪下ろしに汗を流す。周囲は積雪3メートル超。まさに雪掘りだ＝小千谷市塩谷

◆保存活動

全壊と判定された星野さんの家。風格ある築九十年の古民家に地元有志やボランティアが注目、「復興のシンボルとして地域の憩いの場にしたい」と借り受け修復・保存に取り組んでいる。この冬も塩谷の男衆とボランティアが「つぶしてはならない」と懸命に雪掘りを続ける。

自分の家を守ってくれる活動を近くで見ることもできない現実。「ムラの衆に迷惑掛けっぱなし…情けねえ」と星野さんは嘆いた。

（二〇〇六年二月七日）

ムラが裂かれる4　隧道

恩恵の道くぐり離村
元首相の遺産むなしく

小千谷市街から塩谷に向かうと、集落のすぐ手前で隧道《ずいどう》をくぐる。田中角栄元首相の肝いりで着工され、一九八三年に開通した塩谷トンネル（五百十二・五メートル）だ。

翌年に区長となる友野広徳さん（72）は、完工時に来訪した元首相のだみ声をよく覚えている。

「大概の集落は道路が良くなると、それを通ってみんな出ていってしまうんだ。せっかくの隧道だ、引っ越し道路にしなさんなよ」

今、その隧道を通って三十世帯もの人々がムラを離れようとしている。友野さんもその一人。「おれが生きているうちに、こんなことになるとは…」。小柄な体を仮設住宅のこたつで丸め、肩を落とす。

◆集落安定

塩谷トンネルができるまで、集落の出入りには山を越えるか、細い手掘りの隧道を通るしかなかった。

手掘り隧道は、塩谷の住民が自らツルハシを振るって三八年から五年がかりで掘り抜いた。その工事の落盤事故で父を亡くしたのは友野さんが小学二年のとき。遺志を継ぐように新しいトンネル実現に奔走し、政治力を誇った元首相に陳情を繰り返した。

総工費は十億円。当時の塩谷の世帯数は六十戸。「わずかな住民のために何で十億もかけるのかと、週刊誌とかで散々たたかれた」と友野さんは振り返る。

しかし、完成すると車が冬場も通れるようになった。バスが来た。小千谷、長岡に通勤ができ、出稼ぎがなくなった。寄宿しなくても高校に通えた…。恩恵は数え切れなかった。

「塩谷の夜明けだったたこっつぉ」と友野さん。トンネル開通から二十年で世帯数は十戸ほど減ったものの、「外に出る人は出てしまって、それ以上の離村は食い止めた感じだった」。集落の〝安定〟に手応えを感じじつつあった。

そんなムラを中越地震は襲った——。友野さんの自宅も倒壊。一・五ヘクタールもの池で営んでいた養鯉業も錦鯉が全滅したため廃業に追い込まれ、妻の秀子さん(71)と二人で平場の復興公営住宅に入居する。

「もう、絶望しかねえよ」。何よりも亡父の思いもこもる塩谷トンネルを通って山を下りることに胸がつぶれる。

＜貫く＞　雨乞山(あまごいやま)を貫く塩谷トンネル。幅員は7.5メートル。塩谷の人々の生命線だ＝小千谷市塩谷

◆古い写真

友野さんは、元首相の小さな胸像を取り出してこたつの上に置いた。トンネル開通当時の写真や新聞も広げた。

「十億円もかけるのなら、そのカネを塩谷の住民に分けて里に移転させた方がいい」。そんな声が当時からあったことも思い出す。

塩谷越山会（元首相後援会）の幹事長でもあった友野さんは、色あせた古い写真を、じっと見つめていた。

（二〇〇六年二月九日）

ムラが裂かれる5　将来

二つの集落懸け橋に
古里思う心捨てきれず

三十世帯が平場への移転を決めている小千谷市の塩谷集落。しかし、そこには、なお二十戸近くが踏みとどまろうとしている。

「せめて、仕事場だけでもムラに残したい」として、将来に向けて塩谷との絆《きずな》を求め続ける人もいる。

◆三世代で

星野卯三郎さん（65）は妻と二人、仮設住宅から塩谷に帰ることを決めている。中越地震で家は大規模半壊と判定されたが、傾いた所を半分削って住めるようにした。「町場にいても仕事もねえ。塩谷なら田畑もあるし、牛もいる」。ムラでは、六十五歳ならまだ若い。

星野淳一さん（41）も戻ることにしている。

全壊とされた自宅だが、幸いに修復可能だった。両親と妻、子ども二人との六人暮らし。塩谷トンネルをくぐって小千谷市街の勤め先に通っていける。三世代で身を寄せ合えば豪雪にも耐えられる。

「何よりも、子どもを山でのびのびと育てたかった」と淳一さん。小学校三年生の長男、この春入学の長女も「塩谷がいい」と希望しているという。一帯の集落の子どもたちが通学する東山小学校の再開を待つ。

そんな中、集団移転すると決めながらも、生業の養鯉業だけはムラで営む考えでいるのが星野剛さん（49）だ。

二〇〇五年三月まで塩谷の区長だった剛さんは集落の復興に奔走した。倒壊した家の下敷きになって亡くなった長男の有希君＝当時（11）＝。悲しみをこらえムラを引っ張る姿は、駆け付けたボランティアたちの目にも「復興への象徴」と映った。

「何を言っても、言い訳になってしまうから…」。移転の理由を語りたがらない剛さんだが、有希君の思い出が満ちた塩谷での暮らしが「つらすぎる」とする家人への配慮も一因だ。

　平場に新しい養鯉池を造る一方で塩谷の池も修理し、解体した自宅の跡地に作業小屋を建てる。「住民票を移すだけ。毎日、山に戻るから」。小千谷市千谷《ちや》の集団移転先でも塩谷の仲間で集まって住めるよう区画の話し合いをしている。

　集団移転で生まれる千谷の〝集落〟。剛さんは「千谷」と「塩谷」を行き来しながら、それをつなぐ役目をしていこうとも考えている。

＜愛惜＞　ムラを離れる星野剛さん。長男の有希君が亡くなった自宅の跡地は深い雪で覆われている＝小千谷市塩谷

◆新築困難

星野卯三郎さん、淳一さんら塩谷に残る人たちの多くが、こう語る。

「家が直せないほどに壊れていたら、自分も集落を離れると決めていたかもしれない」

塩谷に残る十八―十九世帯のうち十六戸までが解体を免れ、修復可能な家々だった。今の支援制度の中で、ムラに新たな家を建てることの難しさを示しているようだ。

（二〇〇六年二月十日）

第五章　どうする生活再建

なお多くの人々が仮設住宅での冬に耐えながら「わが家」に帰る道を探っている中越地震被災地。そこでは被災者生活再建支援法のネックや中山間集落での住宅再建の難しさなど数々の制度的問題があらわになりつつある。「中越地震・復興公論」シリーズ「家を建てたい」、シリーズ「ムラが裂かれる」での被災者らの訴えに行政の責任者・担当者らはどう応えようとしているのか。

（二〇〇六年二月）

小千谷市塩谷集落の区長

関　芳之さん(54)

◇◇◇◇◇◇◇◇◇◇◇◇◇◇◇◇◇◇◇◇

〈訴え〉ムラに残る人へもっと支援を

山間の塩谷集落では四十九世帯のうち三十世帯が平場に移ることを決めた。集団移転事業で出る人には造成地の安価な分譲、ローンの利子補給など手厚い支援があるが、山のムラに残ろうとする人への支援は薄い。今の制度は「塩谷を捨てろ」というのも同然に思える。山間地を守れというのなら、山に残る人への支援も厚くしてほしい。今の制度では中山間集落は地震に遭ったらみんな無くなる。

山も町場も平等に　一自治体の負担は限界

小千谷市長

関　広一氏

せき・ひろかず　小千谷市議7期、市議会議長、市監査委員などを経て1998年に初当選。2期目。片貝町。70歳。

―被災地では小千谷・塩谷のように戸数が半分以下に減る山間集落がいくつもあ

る。「行政は集落から平場に下りる人を手厚く支援するが、残る人には冷たい」という声が聞かれる。

「小千谷では山間地だけが被害に遭ったわけではない。町場にも被災して大変な思いをしている方々がいる。山間地だけ特別に、というのはいかがなものか。できるだけ平等に活力が出るよう最善を尽くしており、ムラを引き裂こうとしているわけではない。ただ、それぞれの世帯には、それぞれに異なる将来設計がある。行政として住民全員を山へ帰そうとは考えていない」

―しかし、実際に不満が出ている。

「具体的に集落再生のために制度をこうしてほしいといった話はあまり聞かれない。結局、集落に残る人に特別な手当てをして、お金を出さなければ溝は埋まらないかもしれないが、それは制度的には無理ではないか」

―福岡県西方沖地震などでは、農村や漁村に残る住民を対象に自治体が住宅再建を補助する優遇制度をつくったが。

「よそでやったから、小千谷市でもやらなければならないわけではない。山間地は地震がなくても過疎化が進んでおり、対策は大きな問題だ。財政が厳しい中で一自治体の政策では賄いきれない。県全体、日本全体での議論が必要だ」

—では、どういう支援ならできるのか。

「（山間集落に）残る人も出る人も平等に、市内で家を建て替える際には一戸当たり百万円を（義援金配分で）出している。その上で山間から平場へ集団で出る場合には制度があるから支援しましょう、ということ。塩谷を出る人たちについても県は『集団移転事業の対象にはできない』としていたが、地元要望を受けて何とか対象にしてもらった経緯がある」

—不便な山間地に平場と同じ制度を適用したら、人が減るのは当然ではないのか。

「残る人に手厚く、というのは突き詰めれば個人にカネを出すこと。平場の人たちのことも考えると大変な議論になる。被災家屋全部に十分な補助を出せるかというと、市だけではできない。だから『国が個人住宅にカネを投入できないか』と要望しているが、国の線引きで投入されない。そうした中で、（集落を）出る人にも何もしなくていいのか。集団移転などの制度があるのだから、それは適用した方がいいということだ」

「山間に残る場合にも集落から少し離れた所に住宅を再建する人には、本来は個人持ちの水道管引き込みを半分補助している。これなどは通常できないことだ。他地域の市民からも非難を受けない範囲で、できるだけのことはやる」

（二〇〇六年二月十五日）

神戸大名誉教授

室崎益輝さん（61）

◇◇◇◇◇◇◇◇◇◇◇◇◇◇◇◇◇◇

〈指摘〉山間地を守るメニューが貧困だ

被災者生活再建支援金は「個人資産に税金は入れられない」とされ、住宅本体再建に使えない。しかし、集落を守り、中山間地を守るための住宅再建支援には公共性がある。それなのに中越地震被災地では住宅再建のメニューも貧困だ。地盤災害で敷地自体が崩壊した例が多い。集落近くの安全な所に家をまとめていくなど、行政側で多様なメニューをそろえ、選択してもらうことが必要だ。

生産の基盤つくる 一戸建ての公営住宅も

小千谷市長

関　広一氏

「棚田や養鯉池などの復旧は責任を持ってやりたい」と強調する関広一・小千谷市長

―山間地への支援について続けて聞きたい。そこを守るための住宅再建支援には

「公共性がある」との指摘もある。

「仮に今、五十万円や百万円を渡して（仮設住宅から）山の集落へ帰ってもらっても、数十年後にみんな集落を出ていってしまうのでは困る。家だけ借金して建てたけど職がない、食っていけないということがないように山間地に生産基盤、働く場をつくって『こうすれば山の中でも食っていけますよ』というのをやらないと。今は批判されたとしても、（山間集落に）残った人たちが良かったと思えるような政策を進めたい」

――具体的には。

「まず棚田や養鯉池の復旧を責任を持ってやる。その上で、山間地に都会の人を呼び込む共生事業を展開したい。ほかにも棚田を守るために企業や市民団体が営農できる特区制度の導入、山間地の棚田でつくったコシヒカリを都会に高値で売る流通態勢の構築などの活性化策を考えている」

――集団移転事業などで集落の世帯が半分以下になってしまっても、その後の活性化が可能か。

「平場に出る人も集落行事とかは続けたいと言っており、思い入れは強い。あとは生産現場ができれば『やっぱりここに住みたい』という人も出てくるかもしれない。塩谷などでは集団移転の前提として移転家屋の敷地を危険（住居が建設できない）区域に指定したが、十年後ぐらいに土が落ち着いて安全になれば、指定を外して再び住めるようにできるだろう」

―今も住宅再建の見通しが立たない人がいる。移転困難で集落に残りたいが、家を建てられない人もいる。どうするか。

「今、市内で方向性が決まっておらず、支援が必要なのは二十六世帯。個別に要望を聞き、場合によっては地震前に住んでいた集落に一戸建ての公営住宅を設けることも検討する。県の復興基金などで建てて将来的には市で引き取るなど、行政丸抱えでも何とかしなければ」

―戸建て公営住宅は長岡市が早くから検討している。小千谷でも早期に検討できなかったのか。

「入居者は高齢だから、雪下ろしや毎朝の道路までの道付けがなかなかできず維持が大変。また十年か十五年で空き家になる。次に借り手はまずいないので『公金を使っておいて計画が拙速だった』と後々、問題になるかもしれない。戸建て公営住宅などは確かに他地域と平等ではない。しかし、特例としてやるしかない段階だ」
「災害は復興のメニューが最初からそろっていないのが一番の問題で、被災後に徐々につくっていくしかない。今、私たちが恩恵を受けている制度は阪神大震災の教訓でできたものが多い。中越でもどういう制度が必要か検討し、提言していかなければならない」

（二〇〇六年二月十六日）

〈訴え〉「支援法」が、小さいままだ

神戸市の被災者支援団体代表

中島絢子さん（65）

◇◇◇◇◇◇◇◇◇◇◇◇◇◇◇◇◇◇

阪神・淡路大震災を機に自ら制定にかかわった被災者生活再建支援法。「小さく生んで大きく育てよう」と誓った。しかし中越の被災地で悩みを聞くと阪神のときと同じ。住宅本体に使えず所得制限も厳しい。十一年たっても「小さいまま」にとどまっている。豪雪で再建したいという気力が衰えないかも心配。今、苦しんでいる人たちを助けなければならない。

申請は着実に増加 公としては最大の対応

内閣府防災担当参事官

大江　雅弘氏

おおえ・まさひろ　1983年旧厚生省（現厚生労働省）入り。同省生活習慣病対策室長を経て04年7月から現職。47歳。

被災者生活再建支援法は内閣府の所管。中島絢子さんの声を受け、大江雅弘参事

官にただした。

×　　　×

—生活再建支援法による支援金制度は中越地震復興に、どう生かされたとみているか。

「支援法は、家財道具などの購入のための百万円支給で始まったが、二〇〇四年の改正で支給限度額を三百万円に引き上げ、住宅撤去費やローンの利子補給にまで対象を広げた。中越地震では運用を改善して領収書は不要とし、前払いを始めた。申請はしっかりと増えている（中越での申請世帯数は〇五年四月三十日現在で三百三十五だったのに対し、同十二月三十一日現在は二千四百六十四）。使い勝手が良くなり、大きく進展したと考えている」

—しかし今、中越では実際に「住宅の再建資金のめどが立たない」という人が多くいる。住宅本体の再建に使えないことにも不満が強い。

「典型的な私有財産である住宅本体に公として直接支援するのはいかがなものか、という議論がある。〇四年の改正時にも議論があったが、『公助』としてできることは最大対応した。被災者の思いには一つ一つ応えてきたはずだ」

―所得制限が厳しすぎるという声もある。

「制限があるために、中越では当初、（稼ぎ手が複数いる）大家族には適用されにくいと指摘されたのは事実。しかし、そのため『同居していても生計が異なれば別々にカウントしていい』と新潟県に通知してある」

―鳥取県が独自の支援策で住宅本体の再建に税金を投入している。地域の一体感を保つためとして所得制限も行わなかった。こうした現実をどう受け止めているのか。

「国、県、市町村にはそれぞれの役割がある。自治体は地域の実情を基に、定住を促す目的などから支援しているのだろう。支援法は全国一律の内容。災害が起きる前から支援策を示すことで住民の安心につながる制度だ。自治体独自の支援制度は、特定災害に限って臨機応変に対応しているものが多い」

―〇四年の支援法改正の際の付帯決議による次の改正の目途は〇八年四月。中越の被災者には間に合わない。検討状況はどうなっているのか。

「〇四年以降も7・13水害や中越地震など多くの災害が続いている。災害での実績を検討する中で支援法の実態が分かってくる。（住宅本体への投入について）いろいろな声が出てくるだろう。それを整理して検討する必要がある」

—阪神大震災でも中越地震でも、住宅本体への支援こそが被災者のニーズではないか。

「そういう強い考えがあるのは承知している。百も承知どころか、二百も三百も承知している。課題を踏まえ、検討するということに尽きる」

（二〇〇六年二月十七日）

どうする生活再建4

小千谷市塩谷

友野音蔵さん(82)

〈思い〉本当は、山の集落に残りたい

地震前に妻が倒れて入院したため、一人暮らし。山のムラに帰りたいが、融雪式の屋根にした家はつぶれ、どうにも…。平場の公営住宅に入るしかない。平場に降りる人たちとは「本当は出たくねえが、仕方ねえ」と話し合っている。豪雪地なので一人では暮らせないが、早くから「公営住宅を塩谷に造るのでみんなで集まって暮らそう」という話があれば、ムラに残ったかもしれない。

既存制度を有効に 地域意向が活用の根本

国土交通省地方整備課長

後藤　隆之氏

ごとう・たかゆき　1978年旧建設省（現国土交通省）入り。同省住宅局住環境整備室長を経て2005年8月から現職。50歳。

集落に残る手だてはないのか。集団移転事業担当の後藤隆之・国土交通省地方整

備課長に聞く。

×　　　　　　×

―防災集団移転事業は「山間のムラからの流出を促すようなもの」との見方もあるが。

「だから、福岡県西方沖地震で被災した玄界島の復興では小規模住宅地区改良事業が取り入れられた。一定のエリアに不良住宅が半分以上あることなどが条件で、そうした住宅の買収・除去、宅地としての再整備、公営住宅建設などができる。（集団移転事業では、集落から離れた平場が移転先となりがちなのに対し）集落に残る人の支援にも使えるのが特徴となっている」

―しかし、中越地震の被災地では、旧山古志村で小規模改良事業を検討しているほか、導入の動きはごく一部にしかない。なぜなのか。

「小規模改良事業については中越地震発生直後に県に情報提供している。市町村にも周知されているはずで、肝心なのは自治体の考えだ。第一に、被災集落に残っても安全が確保できるのかという点。そして住民の意向はどうなのかということだろう」

―防災集団移転での地元負担は事業費の5％なのに対し、小規模改良事業では50％にも及ぶことも要因ではないか。

「お金の話がついて回るのは確かだ。小規模改良事業は大抵の事業に比べると補助率は高いが、集団移転に比べると見劣りする。市町村にすれば、集団移転を使ってもらえるとありがたいというのが本音だろう。中越地震では広範囲の集落が被災したため、膨大な復興経費がかかる。特定の集落にだけ小規模改良事業を導入することに、行政の中にアレルギーがあるのかもしれない」

―小規模改良事業の地元負担を軽減することはできないのか。

「今はそこまでの議論はない。なかなか難しいのではないか。重要なのは防災集団移転ほどの補助率ではないが、地域の一定のニーズには応えられる事業が用意されているということ。新潟日報の記事に『国は何もしてくれない』ともあったが、制度は用意されている。それを活用するかしないかは地域の判断だ。玄界島では最初から『住み続ける』という地元の総意があり、それを受けて支援に最も手厚い制度を検討したら小規模改良事業だった」

―今ある制度の中でも可能なことは多いということか。

「復興のための新たな事業を求める声があるが、新しい制度は今すぐにできるものではない。中越では、なお多くの方々が二度目の冬を仮設住宅で過ごしているが、そうした状況を脱するために既存制度をいかに有効に活用できるかを考えていくことも大切だろう」

（二〇〇六年二月十八日）

どうする生活再建5

長岡市千歳の仮設住宅で過ごす

原　キノさん(81)

◇◇◇◇◇◇◇◇◇◇◇◇◇◇◇◇◇◇

〈訴え〉仮設ごと、山へ帰してほしい

今は平場の仮設住宅にいる。しかし、仮設一戸分の建設・撤去に四百万円もかかるのなら、それで竹之高地（自宅があった長岡市の山あいの集落）に小屋を建ててほしかった。平場に住む息子の家に身を寄せようと思っているが、迷惑をかけると悪いし、出ていけと言われるまで仮設にいたい。できるなら、仮設ごと山へ帰してほしい。山でなら、年金と田畑で暮らしていける。

訴え重んじ救済策
地方信用し法の改正を

県知事

泉田　裕彦氏

いずみだ・ひろひこ　1987年旧通商産業省（現経済産業省）入り。2004年に知事初当選。1期目。加茂市出身。43歳。

被災者は「一人たりとも見捨てない」と語ってきた泉田裕彦知事。その方策を聞

く。

×　　　×

―知事は中越地震直後に「仮設住宅の建設・解体に四百万円もかけるのなら、その費用を自宅の修理費などに自由に使えるようにした方がいい」と発言していた。なぜ実現できなかったのか。

「仮設住宅に充てる費用で住宅の修復をしてくれという人ばかりではなかった。仮設を早く造ってほしいという声も強かった。阪神・淡路大震災並みの支援を展開しており、それ以上やると他との均衡が問題となる恐れもあった。都会からの便りには『われわれが収めた税金をそこまで使うな。（山間集落の被災者は）山から出た方がいい』という意見もあった。世論全体や国を動かすことができなかった」

―そうした都市からの声をどう思うか。

「都市住民からは『公共事業をやめて山間集落から人を（平場に）下ろし、一軒ずつお金を配分すればいい』という声もあった。だが、今まで棚田を耕してきた人が明日からサラリーマンをやるのは無理。元から住んでいた場所でないと自分の生活が戻らない人がいる。都市と山間地は別々な存在ではない。山が荒れれば、里も荒れる」

――「仮設ごと山に戻してほしい」と訴える被災者もいる。今、苦しんでいる人をどう救うのか。

「仮設住宅をそのまま集落に持っていくことも可能だ。ただ、仮設を解体し運ぶ費用と現地で安価な家を建てる費用との兼ね合いはあるが。私は一人も見捨てないと言っているし、そのための施策もつくっている」

――被災地では「生活再建支援法は使いにくい」という声が強い。

「中越地震の二カ月後にインドネシアのスマトラ島沖地震が発生し、日本政府は多額の資金援助を行ったが、その使い方は現地に任せた。日本の自治体には議会があり民選の首長がいるのに（支援法で）テレビを買ってもいいが、あれは駄目とか、はしの上げ下ろしまで国から指示された」

――支援法を、どう改善させるか。

「使いやすくするよう（国に働き掛ける）努力をしている。被災した新潟県の責務として、次に災害に遭う人の苦しみを少なくしていく。ただ、政府からは『新潟は人から金をもらうことしかしない』とまで言われた。ある程度は自助でやる気概を持たないと賛同を得られないのも確かだ」

―支援法を改正し、住宅本体に資金を投入すべきではないか。

「使途を制限する支援法など、やめてくれと言いたい。地方を信用しての抜本改正が必要。災害規模によって支援総額を決め、使途は自治体に任せてほしい。地方を知らぬ人が東京で頭をひねるから変なことになる」

（二〇〇六年二月十九日）

鳥取県防災監

衣笠克則さん(55)

◇◇◇◇◇◇◇◇◇◇◇◇◇◇◇◇◇◇◇◇

〈指摘〉救済は、トップの決断次第だ

二〇〇〇年に発生した鳥取県西部地震で片山善博知事は、住宅の新築に最高三百万円の補助を決断した。被災前と同じ地域に再建することだけを条件にし、被災者の収入は問わなかった。住宅本体に税金を入れることに霞が関の担当者からは「憲法違反だ」と言われたが、この制度が支えとなり、中山間地の集落で人口の流出はなかった。被災者の救済は、トップの決断次第だ。

基金有効活用図る 「7・13」と均衡も考慮

県知事

泉田　裕彦氏

「復興基金の有効性を訴えていきたい」と語る泉田裕彦知事

―本県では住宅の補修費にも使える百万円の独自策を実施したが、鳥取県では住

宅新築に最高三百万円を補助した。なぜ新潟で同じような支援ができなかったのか。

「７・13水害との格差が生じてもいけない。水害の被災者から『なぜ中越地震の人ばかり支援するのか』といった声も出ている。鳥取と違って中越地震では多額の義援金をいただき、事実上（被災一世帯当たり）三百万円を超える支援があった。自助と公助と共助のバランスを考えたし、（水害も地震も）全部支援するとなると、財政的に厳しいという話も出てくる。じゃあ増税かとなるが、そこまでの合意はできていない」

―鳥取では地震で集落を離れる人がいなかったが、新潟では少なくない。世帯数が半分以下に細ろうとしている小千谷市の塩谷では、集落に残る人への支援がないという不満を聞いた。

「これは市町村の問題だ。山に残るための支援がないというのは小千谷市が平場に誘導することを考えたからではないか。私は山に戸建ての復興公営住宅を造るべきだと考えるし、山に残る人の方に手厚い支援があった方がいいと思う。だから

（持ち家など不動産を担保に融資を受け死後に不動産を売却、返済する）リバースモーゲージなど基金の事業で残る人への支援を実施している。それでも足りないなら、また基金を変えていく」

―山間の集落が無くなるのはやむを得ないという考えはあるか。

「そうは考えない。旧山古志村の住民はムラの中で移転する。集落ごとにアイデンティティーがあるから難しいとは思うが、都会の人など集落外の新しい血も入れながら、再生していってほしい。一方で（山間の被災者の中にも）里に下りたい人がいるのも事実だ。『山古志に帰ろう』というスローガンだけを掲げ続けることが幸せなのかも考える必要がある」

―今後、国に対して何を訴えていくのか。

「復興基金の有効性を訴えていくしかない。防災大臣も（生活再建支援法など）制度の不備を認識しているが、その中で、基金には『これはやってはいけない』というような縛りはないから。住宅本体への支援にしても、基金をもとに二重ローン対策として金利を前倒しで補給しているから、事実上本体に出しているのと同じだ」

―必要な施策を進めるには、地元の国会議員の協力も必要だが。

「（復興に向けて）県選出の国会議員の顔が見えないといわれるのは、残念ながら政府の中枢にいないから。ただ、われわれの声は国に届けてもらっている」

（二〇〇六年二月二十日）

第六章　ムラを編む

中越地震は中山間地の集落の姿を一変させた。被災地では過疎化に拍車が掛かり、多くの集落が消滅の危機にある。引き裂かれたムラをどう立て直し、維持していけばいいのか。移転、再編を検討してきた旧山古志村の「三ケ村」をルポし、集落再建を支えるための手だてを考える。

（二〇〇六年三月）

ムラを編む1　模索

集落維持へ連携提案
住民は困惑　再び課題に

楢木《ならのき》、池谷《いけたに》、大久保の三集落は旧山古志村のほぼ中央、半径五百メートルの円内に位置する。

その三つのムラが同じ場所に寄り添うことを考えたことがある。中越地震の打撃によって細る集落の、生き残りをかけての模索だった。

発端は、楢木が迫られている集落移転である。

◆天空の郷へ

土砂崩れダムによってせき止められた芋川の谷沿いに二十九戸が点在する楢木集落。今、川は雪解けとともに再び水量を増しつつある。

川沿いの畔上進さん（56）宅は二メートルの高床式だった。それでも「去年の春には水があふれて、床に一メートルも砂が積もった」と進さん。「五年や十年かかっても帰れるなんて思えませんよ」と妻の唱子さん（57）。長岡市陽光台の仮設住宅で、あきらめの表情で語る。

そんな住民たちが検討中なのが二〇〇五年九月に市から提示された土地への集落移転だ。隣の池谷集落に近い高台。楢木の谷からの標高差は百五十メートルもあり、〝天空の郷〟の異名も付けられた。

「同じ山古志に移るなら、元のムラが見えるところがいい」

のどかな景色から〝ムーミン谷〟とも呼ばれた楢木に強い愛着のある住民の要望に沿って、提示された土地だった。

谷の住民たちに、旧山古志村の集落再生計画づくりを進める長岡市から、さらに、もう一つの提案があったのは同十一月のこと。

「これを機に楢木、池谷、大久保でムラを一つにしてはどうか」

三集落とも中越地震では１００％近い住宅全壊率。池谷（三十六戸）、大久保

（十九戸）と合わせて八十世帯余が暮らしていたが、避難先の仮設住宅などから帰村を希望するのは半数ほどとなる見通しだ。先細りは避けられない。

それならば、昔から「三ケ村《さんがそん》」とまとめて呼ばれてきた三つのムラが池谷周辺に寄り集まる道もある、との考え方だ。

東京のコンサルタント会社などとともに集落再生計画づくりにかかわる沢田雅浩・長岡造形大講師（34）らが「中山間の豪雪地域を維持していくには、集落同士の連携が必要」と説明してきた。

<融雪>　楢木集落はまだ白一色。しかし、雪解けとともに再び芋川は増水しつつある＝2006年３月10日、長岡市古志南平（本社ヘリから）

◆名前を残す

しかし今、「はっきり決めてはいないが、合併はせずに（独立の）集落として残していきたい」と言うのは楢木区長の畔上多作さん（63）。「やっぱり楢木の名前を残したいというのが皆の本音だから」と語る。

土砂ダムに追われるムラの生き残りをかけての選択。誰もがそれは尊重されるべきとする。ただ、「いずれは再び判断を迫られるときも来るのでは…」という声があるのも事実ではある。

（二〇〇六年三月十九日）

ムラを編む2　象徴

競うように神社再建
自立の道へきずな求め

「ムラの合併は見送る」と楢木《ならのき》、池谷《いけたに》、大久保の旧山古志三集落が考えを固めたのは二〇〇五年十二月のことだった。

長岡市陽光台の仮設住宅集会所での三集落区長による寄り合い。「ムラが小さくなっても維持していきたい」「小さい方が和が保てる」との意見が大勢を占めた。

半数近い世帯が避難先から帰ってこない見通しの三集落。ムラの維持が難しくなるという不安をそれぞれに抱える。そうした中でも集落の自立を守りたいとの思いはどこから来るのか―。

◆全員一致で

「せっかく直したのに、雪でまた壊してはならんからの」

二月下旬。自らの集落を見回った池谷の区長・青木幸七さん（69）は三メートルを超す雪を踏んで手を伸ばし、社殿の屋根をなでた。ムラの高台にある八幡神社である。

神社から見下ろす池谷集落。地震前に三十六世帯あったうち家の形が残っているのは、わずか数戸しかない。そんな中で青木さんは〇五年の秋、大破していた八幡神社の修復を提案した。「まず神社という象徴を再建することで住民を池谷のムラにつなぎ留めたい」という思いからだった。

費用は約八百万円。大半は住民が掛け金を出し合った共済金で賄うことになった。「家も建て直していないのに」との声も上がったが、結局は全員一致で同年十一月に完成。完工式には、ほぼ全世帯から住民が集まった。

「神社を見て、もう（池谷以外の）どこにも行きたくないと言う人もいた」と振り返る青木さんは、仮設住宅などで暮らす三十六世帯のうち二十戸は池谷に戻ってくれると見込んでいる。

　一方、こうした池谷の動きを見て、負けじと神社修復を決めたのが楢木集落だ。

　芋川の谷あいに位置する楢木の十二山神社。倒壊寸前の社殿を再建するため地元の大工、畔上進さん（56）らが今夏から作業を始める。

　集落の移転候補地となっている池谷に近い高台に社を持っていくことはできないが、住民の多くは「心のよりどころが残る」と笑顔を見せる。

◆独自の文化

　過疎化の波が寄せ続けてきた中山間地の

＜鳥居＞　雪に埋もれた池谷集落の八幡神社。鳥居もわずかにのぞくだけ。破損がないかを青木区長が見回る＝2006年２月21日、長岡市古志南平

集落。そこに踏みとどまってきた住民は、とりわけムラへの愛着が深い人々であることは確かだ。

そして「各集落に神社があり、独自の文化がある」（沢田雅浩・長岡造形大講師）という中では「よその神社」を拝むことになりかねない集落合併に強い違和感が抱かれるのも無理はない、と関係者は指摘する。

まずは自分のムラの求心力を守ろうと八幡神社再建を進めた池谷区長の青木さん。一方で「もっと人が減ってしまったときにどうするか。（栖木などと）祭りや盆踊りを一緒にやれたらいいけどね」ともつぶやくが――。

（二〇〇六年三月二十日）

ムラを編む3　現実

バス廃止浮上に動揺
通い農業で再生へ望み

中越地震で全戸避難を強いられている旧山古志村。他の被災地には平場への集団移転を決めた集落もある中で、「ムラに帰ろう」を合言葉に元の山間集落での再生を目指してきた。

土砂崩れダムから逃れるための楢木《ならのき》の集落移転にあわせた池谷《いけたに》、大久保との三集落合併構想もその一環だった。

地元の意向によって合併は先送りが固まっているとはいえ、楢木が検討中の移転先は池谷からわずかに約百五十メートルの近さ。合併を提案した長岡市などの関係者には「将来には一体化して地域の核となるムラが生まれるのではないか」との見方もあるが—。

◆流れ加速も

そんな山古志を今、揺さぶっているのが路線バス問題だ。池谷も通る一日六往復の主要路線の廃止が検討されていることが、二〇〇六年の二月下旬に分かったのである。

「集落には運転できない年寄りが多い。廃止となれば、ムラに戻らないという人が出るかもしれない」と池谷区長の青木幸七さん（69）は言うが、さらに高校に通う手だてがなくなるだけに児童・生徒を抱えた若い世代の帰村が難しい。楢木住民も事情は同じだ。

中越地震前に計六十五世帯・二百人近くを数えた両集落。年齢構成は二十歳未満が二十人足らず、六十歳以上は八十人余りだった。

今、避難先から山に戻るとみられているのは三十数戸。「平場に出るのは十代、二十代の若者と親などによる世帯が目立つ」とされるが、バスがなくなれば、その流れが一気に加速しかねない。

さらに、厳しい現実を前にして「ムラ同士で合併したって、やがてはまた細るだけ」との空気が生まれるのを懸念する声もある。

◆「足掛かり」

そうした中で、さらに長期的な視野で集落再生を支えていく必要も指摘されつつある。

平場からの「通い農業」の可能性追求がその一つ。楢木集落で八十アールの水田を中心に農業を営む畔上正さん（55）らが模索する。自らは平場に下りるものの、一部崩落している田や作業小屋を修復し、通いでコメ作りを続けようというものだ。

そのため、楢木の集落移転で検討されて

＜議論＞　山古志の集落再生計画を話し合う住民と長岡市などの関係者。厳しい現実の中で議論を重ねている＝長岡市青少年文化センター

いるのが国の小規模住宅地区改良事業だ。一般的な防災集団移転事業に比べ自治体負担は十倍。しかし同事業のような元の集落での土地利用制限がない。いずれまた家を建てて住むこともできる。

「田んぼという足掛かりさえあれば、また山に戻ってくれる望みもある」というのが地元関係者の思いでもある。

「帰村」を掲げてきた山古志は、集落の移転・再編の試行錯誤の中、現実と希望のはざまで揺れている。

（二〇〇六年三月二十一日）

ムラを編む4　統合の狙い

将来も存続可能に 自治体の負担減を

長岡造形大講師

沢田　雅浩さん

さわだ・まさひろ　慶応大大学院修了。都市防災を専門とし、大学在籍時から阪神・淡路大震災や台湾地震の被災地を研究。2000年から現職。広島市出身。34歳

「ムラを編む」は、今回からインタビュー形式となります。初めに、楢木《ならのき》、池谷《いけたに》、大久保の旧山古志村三集落再編の提案にかかわった沢田さんに聞きました。

—なぜ、三集落を一カ所に集めての合併・統合を考えたのですか。

「ただ単に、住民が元の集落に戻ったとしてもそれぞれ十数軒の規模にしかならない。十年、二十年後までどう維持していくのか疑問だ。一緒にできる所は集めなければならないと考えた」

—旧山古志村では「みんなで村へ帰ろう」という合言葉を掲げてきましたが。

「厳しい言い方かもしれないが、多額のお金をかけて、行政丸抱えでそれぞれのムラに戻ってから、十年後になって『廃村になりました』でいいのか。持続的な集落にするには、（元のムラからの）勇気ある撤退と再編も必要ではないか」

—しかし、大久保は再編参加を見合わせ、楢木・池谷も地理的には近づく見通しなものの、統合はまだ難しそうです。

「大久保の人々には、自分たちの田畑と、統合先に想定された池谷までの距離を心配する声が強い。楢木も移転はするが神社や集会所は独自に持ちたいと言う。確かに再編はそう早くは進まないが、段階的に時間をかけていけばいい。一度は平場に下りても、新しい楢木・池谷集落の再建がうまくいけば戻る人も出てくる」

—地震で被災した中山間地で集落が再編されたケースはありますか。

「中山間地が被災した台湾地震（一九九九年）の研究を続けているが、再編をした所はない。ただ、単独で再建しようとした所は失敗している。山古志での再編提案には、その教訓もある」

—住民の移転で空き家が残ることになる今の楢木集落の活用方法は。

「台湾では壊れた寺をそのまま残し観光資源にしている。楢木でも壊れた家を見せたり、写真を売ったり、野菜直販所を設けたりとか、商魂たくましくすればいい。台湾では住宅再建を優先し、収入源確保を考えなかったムラが衰退した」

—旧山古志村では、集落移転の際に一般的に用いられてきた「防災集団移転事業」ではなく「小規模住宅地区改良事業」を使う計画ですが。

「防災集団移転事業は、それを使って移転すると元のムラに住宅を再び建てられない。小規模改良事業ではそれが可能だから、元のムラを観光などの資源にもしやすくなる。今後も起こりうる中山間地の地震災害に楢木がモデルになると思う」

—小千谷市では防災集団移転を使ったため、元の集落に戻れない人もいます。

「被災自治体の負担が防災集団移転の方が格段に小さい（小規模改良事業の一割）ことが原因の一つだ。新法を作ることに比べれば、小規模改良事業の国負担かさ上げは難しくはない。実現すれば、今からでも変更は可能だ」

（二〇〇六年三月二十二日）

ムラを編む５　合併の条件

高齢化進行考慮を冬は平場選択肢に

神戸大教授

重村　力さん

しげむら・つとむ　早稲田大大学院修了。工学博士。日本建築学会・中越震災復興総合研究小委員会主査。編著書に「図説集落」「地域主義」など。横浜市出身。60歳。

重村さんは日本建築学会の中越地震専門委員会の中心メンバーとして集落の再編や移転を研究している。集落の合併・統合の条件や、その在り方を聞いた。

—山古志での集落再編の動きをどう見ますか。

「中山間地にとどまっての再編は、平場に移転するよりもいい選択だと思う。集落は人の結びつきも強く、単なる居住地ではない。戸数が細ったら、いくつかの集落が寄り集まって、その中で人の結び付きやそれぞれの地域の独自性も生かしていくように工夫すべきだろう」

――合併・統合を検討してもいい場合や条件はありますか。

「人間の空間認識には特徴があって、個々の役割や位置を認識できる団体の末端単位は最少が五、六。球技などのチームの人数でもそうだし、集落の戸数も一緒だ。実際に、集落は五戸を割ったら維持が難しくなってしまう場合が多い。五戸まで減ってしまったら、まとまった方がいいのではないか。過疎や高齢化が進むことを考えると八戸ぐらいで再編を検討してみてもいいのでは。ため池や上水道の管理、集会所の運営などの社会組織から統合していって段階的にゆっくり合併していくのが望ましい」

――中越で集落の再編を行うとすれば、気を付ける点は何ですか。

「豪雪や公共交通機関の問題についての対策が必要なのは当然だが、さらに高齢者が暮らしやすい環境をつくることが必要だ。豪雪対策の高床式の家を並べるだけでは、高齢者同士の顔の見える付き合いが阻まれがちになる。ひなたぼっこをしているおばあちゃんに通りがかりの人が声を掛けられるようにしなければならない。

家の周りに畑があることも望ましい。さらに、自動車道と歩道を分けたり、デッキで住宅をつないだり、みんなが集まれる広場をつくったりするなどの仕組みも検討してほしい」

―どうせ再編するなら山間から平場へ出た方がいい、という考え方もありますが。

「みんなに集落を完全に放棄、撤退させ、平場に集めるのは住宅の機能性や利便性だけを考えた誤った合理主義だ。山間集落を維持するのは国土保全や景観などの意義もあるが、何より住んでいる人たちが『ここにいるから自分だ』と思えるアイデンティティーを大切にしなければならない。どうしても豪雪などで山間地への定住が大変だというなら、広域定住という観点を検討してもいい。富山県などには、春から秋にかけては山間地に暮らし、冬だけ平場に下りる『夏山冬里』の集落がある。石川県の能登地方には『夏島冬里』の海女さんもいる。いろんな維持方法を考えてみるといい」

（二〇〇六年三月二十三日）

不安解消早さが鍵
住民意思統一せよ

富士常葉大助教授
池田　浩敬さん

いけだ・ひろたか　東京都立大大学院修了。三菱総合研究所主任研究員を経て2001年から現職。災害の被害想定や被災地の復興支援対策を研究。東京都出身。45歳。

被災地では、川口町小高地区のように山間から平場への集団移転を選択した集落もある。富士常葉大（静岡県富士市）助教授で、中越地震以前に行われた県内集落の集団移転を研究している池田さんに、成功させるためのポイントを聞いた。

—小高地区と同じ川口町の「山の相川地区」の集落移転も研究されていますが。

「大正時代には五十世帯以上あった集落が、過疎化によって一九七三年の移転時には十一世帯に減少していた。それだけでは、公共スペースの雪かきもできないし、地元の中学校が平場に統合されることになり、生徒を下宿させる必要が出てきたことも関係した」

――山の相川地区はもともと小高地区のさらに山手に位置し、移転した先も小高地区の集団移転先の近くです。

「防災集団移転事業の適用を受ける小高地区に対し、山の相川地区は過疎地域集落再編整備事業による移転だった。移転に伴うコミュニティーの維持が、課題という点では共通している」

――移転後の状況はどうですか。

「平場に移ったことでお嫁さんが来た、という声があった。移転先の近くにあった工場に就労した人もいて農業中心の山の生活からうまく転換できた。移転後の流出はほとんどない一方で、近隣からの転入があって現在は十六戸に増えている。集落の行事も継続しており、移転しなければバラバラになっていたかもしれないコミュニティーが維持されている。ただ、移転当時は世代間で受け止め方に温度差があった可能性はある。もう亡くなられている当時の高齢者に尋ねていれば、『若者に従うしかない。本当は住み慣れた土地にいたかった』となったかもしれない」

―小高地区は二十五戸のうち十九戸が集落から四キロ離れた平場の団地に移る予定ですが、宅地造成が遅れているため、住宅建設は夏ごろからとなりそうです。

「集団移転では事業期間が非常に重要。仮設住まいの不安定な状況が長引くと集落の一体感がなくなり、くしの歯が欠けるように抜けていく恐れもある。なるべく早く住宅を再建し、不安定な居住から立ち上がらせてあげないと不安が増す。次の冬にかかったら、大変なことになる」

―移転に向けてのアドバイスは。

「なぜ集団移転するのか、なぜ山を下りなければならないのかということを、地域でもう一度よく話し合って意思統一した方がいい。防災集団移転の一番の目的は安全性の確保だ。『危険だから移転する』と再認識しておくことが必要だろう。行政も危険性を客観的に伝えるべきだ」

（二〇〇六年三月二十四日）

ムラを編む7　雲仙の教訓

行政と丁々発止を大前提は住民主体

社会安全研究所所長

木村　拓郎さん

きむら・たくろう　東大大学院修了。工学博士。1997年、東京に社会安全研究所を設立。各地の地震や火山災害を調査、旧山古志村復興にも携わる。宮城県出身。57歳。

木村さんは一九九一年に起きた長崎県の雲仙・普賢岳噴火災害を受けた復興計画づくりなどに参画。集落の再建にかかわってきた。

―移転などによる集落再建にはスピードも大切とされますが、雲仙ではどうでしたか。

「土石流に埋まった一部地域では、その場所に土盛りをして宅地などを整理し直す再生事業に取り組んだ。しかし、完成までに十年もかかったため、被災者は義援金などを頼りに家を建て散り散りになった。約二百五十世帯のうち戻ったのは三割ほどだ。早く事業が進めばもっと大勢戻っていただろう」

—どれくらいの早さが必要になりますか。

「遅くても被災から二年以内に生活再建のめどを立てるべきだ。鹿児島県出水市では九七年に土石流災害で被災した二十戸弱の集落が近くに移転し、二年以内に再建した。ミカン畑と宅地を土地改良事業を使って市が買い取る形で被災地と移転地を一体的に整備した。住民も満足しており、行政との連携がうまくいった例だ。それに比べると、中越は各集落の戸数が少ないのに随分と時間がかかっている印象だ」

—どんな事業が活用できるのでしょうか。

「出水市では農地と河川の事業、熊本県水俣市の水害復旧では砂防、林野、農地の各事業を組み合わせた。中越の場合も、例えば砂防事業の枠内で集落再建に必要な工事ができるケースもある。他県の前例を学び、生かすべきだろう」

—雲仙からの教訓として強調したいことは?

「雲仙では、被災者の移転先として四カ所の団地を普通の新興住宅地と同じように整備したが、これは良くない。農業に携わっていた高齢者から土を取り上げ、一日中家にいてぼけるのを待っているような状態になってしまった。また、集落からバラバラになって移転した住民に十年後アンケートしたが、半数が『みんなで集団居住すべきだった』と答えている。被災直後はみんな住宅再建で頭がいっぱいだが、後になって集落の大切さが身に染みてくる」

―中越での集落再建で留意すべきことは？

「行政と住民が丁々発止と議論を重ねることだ。基本的に山村は公共事業を生かさなければ災害復興はできないが、まず住民が要望や本音を行政にぶつけるのが大前提。集落は行政のものではなくて住民のものという基本を見誤らないことだ。投げるボールは住民側にある。投げれば行政側もきちんと投げ返してくれるはずだ。ある県でのことだが、住民が意向を伝えなかったら転居先が決まらないうちに仮設住宅を期限の二年で追い出されたケースもある。『何も言わなくても行政が当然やってくれるはず』という考えは危険だ」

（二〇〇六年三月二十五日）

第七章　座談会・ムラを編む

中越地震から二度目の春を迎え、被災地再生への動きも再び本格化する。しかし、中山間地のムラは軒並み人口減が見込まれ、消滅の危機さえ指摘されている。どうムラを守るのか。なぜ山の集落に戻り、それを維持しようとするのか。旧山古志「三ケ村」を中心に描いた連載「ムラを編む」を受けて、旧山古志村池谷集落区長・青木幸七、中越復興市民会議事務局長・稲垣文彦、長岡造形大講師・沢田雅浩、そして長岡市長・森民夫の四氏に語ってもらった。司会は渡辺隆・本社編集局次長。

（二〇〇六年四月）

座談会・ムラを編む　再生の手だて

集落合併　時間かけて　青木氏

新しい「共助」の形も　稲垣氏

世帯数ある程度必要　沢田氏

交流人口取り込みを　森　氏

沢田雅浩（さわだ・まさひろ）広島市出身。慶大大学院修了。専門は都市防災。2000年から現職。34歳。

青木幸七（あおき・こうしち）旧山古志村出身。同村議4期。地元農家とともに地物野菜の産物化にも取り組む。69歳。

稲垣文彦（いながき・ふみひこ）長岡市出身。明大卒。被災者支援団体の調整機関として市民会議を創設。38歳。

森民夫（もり・たみお）長岡市出身。東大卒。1975年旧建設省入省。99年に市長就任、現在２期目。56歳。

―被災地では山間の集落を離れることを決意している人が少なくないのが現実です。ムラが五、六戸に細ると維持が難しくなるとの指摘もあります。池谷《いけたに》集落では仮設住宅などで暮らす三十六世帯のうち、戻るのは二十戸ほどと見込まれているようですが。

青木　自分たちで生活してみて、確かに五、六戸まで減っていったら厳しいな、と思う。その通りだ。特に冬期間のことなどを考えると、なかなか対応できない。

稲垣　雪害の問題も今までは各地の集落で対応できていたのが、高齢化が進んでなかなか対応できなくなってきた。新しい形、枠組みを考えないと解決できない問題だ。

—沢田さんは旧山古志の池谷、楢木《ならのき》、大久保の「三ケ村」合併も提案されました。あらためて狙いをお聞きしたい。

沢田　経済的な効率性を求めて集落を一緒にしようと言っているわけではない。どうせ戻るなら住民に楽々暮らしてほしい。そのためには、どうしてもある程度（地理的に）まとまって住むことが必要だ。除雪や道普請など毎日毎日の集落の作業に駆り出されたら、特に高齢者にとっては全然楽々ではない。集落のことを分担してやるには、ある程度の世帯数が必要だということ。

—しかし、三ケ村の合併は見送られました。

青木　私も当初は三ケ村が一カ所に住めばいいと思ったが、落ち着いて話をすると各集落で再建をとの希望が多かった。だから、とりあえずは池谷は池谷で戻ろうと。仮設住宅にいる間は住民に帰ること以外の心配は掛けたくないから。

沢田　（集落合併して）住まなくなる所にはインフラも整備しなくていいから、そこでは田んぼをやって住むところはきちんとインフラを整備する。本当に楽々と暮らせるための仕組み、仕掛けがあれば…。

森　大事なのは結論がどうあれ、自由な意思で真剣に悩んで決めたということではないか。苦労はするけれど、それぞれの集落に戻ろうと決めたのなら大丈夫だと思う。行政が押し付けたのではなく、自分たちが厳しい条件の中で決断したのであれば、大丈夫だ。

青木　池谷とか楢木とかの固有名詞にこだわらず一つになればちょうどいい大きさになるのは確か。じっくり時間をかけて（合併を）話し合っていきたいなと。（楢木と池谷で）神社は二つあるが、それぞれの神社を守る氏子がいればいい。もともと田んぼは両集落のものが入り組んでいるので、行ったり来たりしているうちに一体感も出てくるのではないか。

—都市など外部からの人をどう取り込むかも集落維持の鍵とされます。

稲垣　地震前の集落では住民同士の目に見えない助け合いがあった。しかし（避難先から）戻る人が少なくなればそれも厳しくなる。これからは目に見えるような新しい助け合いの形を考えないと。外から来てくれた人やムラを出ていった人との助け合いとか新しい共助の仕組みが必要だ。

森　次世代に代替わりするまでに、新しい交流人口をどう入れるかという課題に取り組みたい。山に帰るという人は、平場の方が楽なのは分かっていても戻る方々だから当面は大丈夫だろうと。その間に作戦を考え、グリーンツーリズムで集落を訪れた都会の人が五年後、十年後には隣に家を建てていた、というようなことにつなげたい。

沢田　五年も過ぎると、「やっぱり山古志に帰りたい」という人も出てくるかもしれない。そのときのために「楽々な生活」を復興させておきたい。みんな死に物狂いで頑張っているという状況では（帰ってくるのは）難しいだろう。

住宅改良 厚い補助を　沢田氏
集落施設 再建支えて　青木氏
「場当たり」脱却必要　稲垣氏
基金活用し地域応援　森　氏

―このほどまとまった旧山古志村の六集落再生計画では「小規模住宅地区改良事業」という制度を使うことになりました。沢田さんは本紙のインタビューでもこの制度の拡充の必要性を訴えていますが、さらに詳しくお聞きしたい。

沢田　もともと災害復興のためではなく昔は住環境改善に使っていた制度。たんすの奥に眠っていたのが、引き出しからちょうど良く出てきたという感じのものだ。災害時に一般的に使われる防災集団移転事業では、移転前のもともとの土地が建築禁止になるなどの制限があるが、小規模改良事業は柔軟で制限があまりないのが特徴。もともとの土地に住宅を再建するには「自力」が原則で、補助制度を使うには（防災集団移転などで）他の土地に移るしかなかった。その中で、今回発見された形の小規模改良事業は、集落を維持しようと頑張るときに非常に適した制度といえる。

森　今回のような山間地の地盤災害には有効で、山古志に当てはめると本当にぴったりの事業。ただし、自治体の負担率が高い。災害復興用にさらに改良してほしいと考えている。

沢田　補助率の問題で防災集団移転を選んだ市町村もあったのではないか。自治体の財政的な体力で事業が選ばれるというのは良いことではなく、補助率のかさ上げ、改良がぜひ必要だ。

稲垣　被災者は被災する以前の生活を認められれば元気になる。「移転して、今までの生活を捨てて便利な生活をしてください」というふうに言われた人々は、前向きにはなれない。山古志での小規模改良事業の選択はラッキーだったが、場当たり的な制度を当てはめていくのではなく、復興というものの概念をきっちりと考えた上での多様な生き方、暮らし方を支える制度があるといい。

―集落の復興に向けて具体的に欲しいものや制度が、ほかにも多くあると思いますが。

青木　池谷の集落には集会所がない。地震で共同受信施設も、集会所もなくなった。（復興の象徴にと）神社だけは住民で金を出し合って直したが、今はできるだけ早く集会所をつくって住民全員で集まって一晩語り明かす。それが復興へのつながりの第一歩と思う。そうした施設再建への支援が欲しい。

森　一番感じているのは、集落の維持・再生のために有効な制度の必要性だ。生活再建支援法も、県の復興基金も基本的には個人単位での適用。しかし、集団をとらえて支援する仕組みも必要ではないか。コミュニティー（共同体）を維持するための集会所造りも対象となるような…。台湾地震（一九九九年）の被災地を沢田先生と一緒に視察したが、民宿づくりとか生業確保とか、集落単位で前向きな計画があったときに基金から支援する仕組みがあった。

沢田　地域の一番のよりどころが神社や集会所であって、それを直すことがコミュニティーの結束をもう一度高めていく上で必要だったら、お金を出せばいい。福岡県西方沖地震で被災した玄界島でも、行政の支援がない中で住民が義援金の中から五万円ずつ出し合って神社本殿を再興した。行政は「結果の平等」を目指す必要があるが、基金の使い方では、頑張るところにお金がいくような「チャンスの平等」があってもいい。

左から稲垣文彦、青木幸七、森民夫、沢田雅浩の各氏。山間集落再生に向けて語り合った。会場は長岡市陽光台の仮設住宅集会所

森　私は県の復興基金の副理事長だが、そうしたことが今後の課題と思っている。集落単位で頑張る取り組みにも基金から支援できるようにしていくことが、これからの仕事だ。

生活に「自信」持てる　青木氏　「真の福祉」学ぶ場に　稲垣氏
棚田の利益見直しを　沢田氏　経済で計れない愛着　森　氏

――なぜ、平場には下りず、山間の山古志のムラに戻るのか。中越地震の被災者が、山に帰ることの意味を語っていただきたい。

青木　出稼ぎに出ていたころは新幹線工事で月収七十万円という時期もあった。思うところがあって出稼ぎをやめて村議に出たら議員報酬は十二万円で、あとは五十アールの田んぼがあるだけ。「それで生計が成り立つか」と女房は心配したが、生活できた。それが「山へ帰れば大丈夫」という自信につながっている。今、山に帰りたい人は、大半がそんな気持ちではないか。みなさんから援助を受けないと復旧ができず、申し訳ないが…。

沢田　（現代的な）産業としての農業を山古志で成立させるのは難しい。しかし、それでも田畑と年金があれば楽々暮らせるのは、私たちにとっては驚きだ。

稲垣　今は人や地域を経済的な価値観を中心に計っている時代。しかし、多様な人がいて地域がある世の中の方が健全だという気がする。

―行政としての考えはどうですか。

森　基本的に住民の皆さんが厳しい条件の中でも山古志に居続けたいと言う以上、それに応えるのが私の義務だ。「生活再建」の要素には、衣食住のほかにも人間関係とか、思い出、鎮守の森への愛着とかいろんなものがある。「生活」というのはそれほどに重いものだ。私が経済的な価値観だけで住民に「平場で暮らした方がいいのでは」と言ったところで、住民の後ろにあるそうした生活の重さは動かせないものだ。

沢田　過疎・高齢化が進む山古志に金をかけて復旧させるより、山を下りてもらった方がいいというのが東京からの見方。山での生活は災害の防止や国土保全などにつながっているが、東京からはそれが見えにくい。棚田によって国土が受ける利益がどれくらいあるかということを具体的に示せればいいと思うが…。田畑を耕し、年金があれば生活できるという山の暮らし。そこに、さらに中山間地の国土に対する役割がきちんと評価され、理解されていけば、「山に戻る意味はある」「山に戻るべきだ」ということになる。

―山古志だけを特別扱いしているのでは、との声も聞かれますが。

森　山古志の情報発信力は、長岡全体だけでなく中越にとっても重要な財産。これだけ有名になったことで、いろいろな人が地域に入り、情報をもたらし、住民のやる気につながっている面もある。それを全体の利益につなげていきたい。いずれ

旧山古志村の楢木集落。土砂ダムの影響を受ける谷沿いから高台（奥）への移転を検討している。平場には下りず、山にとどまるための選択だ＝2006年3月、長岡市古志南平

理解してもらえる日が来ると思っている。

―中山間地の復興がなぜ都市にとっても必要かは、さらに多くの観点から言えると思いますが。

森　中山間地は「癒やし」の効果を持つ。自然と一体となって人間性を取り戻す場だという意識はみんなが持っているはず。それを失ったら日本はもうない。

稲垣　山古志などの山間集落には、福祉的な面でも素晴らしいところがある。今の（都市などでの）福祉というのは、具合が悪くなると施設に入れようとかいうもの。しかし、山古志では八十歳過ぎてもかま持って草刈って、雪掘って現役。一人一人が地域で役割を持っている。それが福祉ではないか。僕らが山のムラに学んでいくことが大事ではないか。

青木　三ケ地区（旧山古志の池谷、楢木、大久保の三集落）で最年長の九十七歳のおばあさんは、畑仕事ができないのが我慢ならないと言って関東の娘さんの家から帰ってきた。それで、翌日から仮設住宅の周りにできた畑に出たんですよ。

（二〇〇六年四月二―四日）

第八章　棚田ふたたび

中山間地を直撃した中越地震。美しかった棚田は山ごと崩れた。震災は離農、離村を加速させるとともに、担い手不足などの問題をさらに深刻化させた。「家」とともに「生業」も再建されなければムラの再生はかなわない。「復興公論」第八章は、棚田復旧に苦悩する半蔵金をルポする。

（二〇〇六年四月）

棚田ふたたび1　苦悩

作付けは今春も断念
進まぬ修復　負担も重く

農道もろとも崩れてしまった棚田には、たどり着くことすらままならない。今春の作付けもあきらめた。

「早くこしょって（修復して）もらわんと半蔵金のムラは死んでしまうわ」。椛沢《かばさわ》潤治さん（74）は、そうつぶやく。

長岡市栃尾地区の山あいにある半蔵金《はんぞうがね》集落。中越地震は、椛沢さんが耕してきた二ヘクタールの棚田すべてに被害を及ぼした。二〇〇五年はそのうちの三十アールほどを修復して飯米を確保しただけ。今も、それ以上のめどは立たない。

◆100万円

旧山古志村に近い半蔵金は、刈谷田川の支流である西谷川に沿って家々が連なるムラだ。

兼業農家がほとんどで、椛沢さんは七十歳を超えた今も平場の建設会社に勤める。「コメだけで暮らしたいが、それでは生きていけんからの」。妻の二三《ふみ》さん（67）と二人暮らし。三人の子どもはみな県外に出た。

大規模半壊と判定された自宅はＪＡの建物更生共済を使って再建した。あとは水田さえ直すことができれば…。しかし、その棚田は一メートルを超える残雪の下で、いまだに「おっこれ（壊れた）せんべえみてえなまま」（椛沢さん）という状況だ。

椛沢さんら半蔵金の人々が耕してきた棚田は六十三ヘクタール。うち四十六ヘクタールが被災し、今年も十五ヘクタールが作付けできない見込みだ。二年続きの豪雪が復旧を妨げ、復旧のための負担も重くのしかかる。

栃尾地区の場合、農地の災害復旧での自己負担割合は２・８％。わずかなようだが、それでも椛沢さんは百万円以上を払うことになる。「百万は厳しいのう。後継ぎもいねえし、直してもろうても、あと何年続けられるか」と思案する。

仮に百万円で田を修復したとしても、山間を縫う細い農道とわき水を引く水路を県と市が直してくれなければ作付けできない。しかし、破壊の規模はあまりに大きく、復旧のスケジュールさえまだ見えないのである。

＜崩壊＞　崩れた棚田を残雪が覆う。土留めのために積まれた土のうが、生々しい傷跡を際立たせる＝長岡市半蔵金

◆木が生える

椛沢さんは言う。「一年休んでも田んぼは草が生えて駄目になる。今年も休んだら木が生えてしまう。来年も無理だったら…」。幾重もの壁に阻まれる棚田でのコ

メづくり。自宅のコタツで茶を飲みながら、椛沢さんはふと漏らした。

「やめんばいけねえんかなあ」

二三さんが小さな声で答えた。「やめたくはないのう」

兼業のムラ。生業としてきたコメづくりをあきらめても人々は「勤め人」として、そこに残ることができるのか――。

半蔵金は、地震前の八十三戸から五十八戸（〇六年四月一日現在）にまで細ってしまっている。

□

農地被害　県のまとめでは、中越地震で被害を受けた農地は千五百三ヘクタール、被害額約百五十六億円。水路が壊れるなど間接的被害も含めると県全体の耕地面積の５・９％に当たる一万四百十ヘクタールに及ぶ。昨年作付け不能だった面積は九百八十九ヘクタール。〇六年も三百五十ヘクタールとなる見込み。長岡市栃尾地区では同年四月現在、四十九ヘクタールが作付け不可能。うち十五ヘクタールが半蔵金の棚田だ。

（二〇〇六年四月二十日）

棚田ふたたび2　放棄

自慢の土もう耕せぬ
高齢化突出　担い手不足

集会所に子どもたちの笑い声が響くのは久しぶりのことだった。二〇〇六年四月八日、長岡市栃尾地区の半蔵金集落。釈迦《しゃか》誕生を祝う「花祭り」が催され、ムラを離れて仮設住宅などで暮らす子どもたちも集まったのである。

ただ、その数はわずか三、四人。「昔はいっぱいいて、にぎやかだったんだが…」。山内豊墨《とよずみ》さん（83）は集会所であぐらをかき、孫と甘酒をすすりながら高齢化が進む半蔵金からの離村、そして離農の思いを語った。

半蔵金の六十五歳以上人口の比率（高齢化率）は〇五年三月末時点で65・6％。栃尾の各集落の中でも、突出した高さである。

◆「踏ん切り」

山内さんは自宅が半壊したため、集落から八キロほど離れた仮設住宅で妻と息子夫婦、孫二人の六人で暮らしている。

半蔵金で農業を営んできた家の十代目。地震前に八十歳を超えた。それでも一人で一ヘクタールの水田を耕してきたが――。

「息子は勤めがあるから田んぼはやらん。地震で踏ん切りがついた」。家は半蔵金ではなく、栃尾の中心部に再建することにした。地震の二年前に買った田植え機とコンバインも手放し、肥えた土が自慢の棚田は若手に耕してもらう。

「耕作放棄が進むのう。さびしいのう」とぽつり。同じように仮設住宅に入った半蔵金の他のお年寄り三人も、耕作をあきらめたという。

そんな中、深く案じているのが棚田の担い手不足だ。「おれは自分の田を耕してくれる人を見つけたが、ほかの人は見つからんようだ」

中山間地の棚田を五年間継続して維持する人に十アール当たり年間二万一千円を国が支給する「直接支払い制度」がある。しかし、高齢だけを理由に棚田を放棄した場合には受け取ったカネを返納しなければならない。

「若手に田を引き継げば返さんでいいが、ムラには任せられる若手が四、五人しかいねえ」と山内さん。「受け手が見つからないんで、手放すに手放せん人もいるみてえだ」とため息を漏らす。

◆田んぼの夢

今は六十世帯足らずに細った半蔵金。戦後間もないころには二百戸もあったという。錦鯉などといった特別な産業もないムラ。平場や街に去る人々を横目に、踏みとどまって棚田を守ってきたのが山内さんら七

<春景>　残雪を割る作業が続く。丹精こめてきた美田が、春の光の中にあらわれてくる＝長岡市半蔵金

十代、八十代の住民たちだ。

中越地震は、その人々をも半蔵金から一気に引き離そうとしている。

「たまに田んぼにいる夢を見るんだよ。そろそろ苗代の用意をしないといけないってさあ」

山内さんが、つぶやいた。

□

高齢化率　長岡市のまとめでは、半蔵金集落は二〇〇五年三月末時点で住民百五十一人のうち九十九人が六十五歳以上。高齢化率65・6％は旧栃尾市の平均（30・0％）の倍以上。県の高齢化率は〇五年四月一日時点で23・6％。

（二〇〇六年四月二十一日）

棚田ふたたび3　経営

国の制度は平場向け
被害大きく集約は困難

諸橋正晴さん（53）は半蔵金で三ヘクタールの棚田を耕す。長岡市の栃尾地区でも平場ならありふれた規模だが、この山間の集落では一番だ。

「やっと種もみ漬ける時期になったて。平場より一カ月遅いが…」

そう言って、青いネットでくるんだ種もみを冷たいわき水に浸す。発芽が待ち遠しい。

◆「安定対策」

諸橋さんは、集落には三人しかいない本格的な専業農家の一人。中越地震で所有する棚田がすべて被害に遭ったが、二〇〇五年は自ら重機を操ってその半分を修復し、作付けした。今春の雪解けを待って残る半分を直す。

ただし、自宅があるのは半蔵金から十キロほど下った平場だ。早朝五時に棚田に向かい、母が一人で暮らすムラの家で昼を食べ、再び山で働いた後に平場の自宅に帰る。そんな「通い農業」を十五年間続けている。

「子どもの教育もあるし…。女房をムラに呼ぶのは大変なんだて」と笑う諸橋さんが関心を持っているのが、国が〇七年度から始める「経営所得安定対策」だ。

基本的には一定以上の規模を耕作する担い手を支援する制度。「おれが頑張って棚田を集めても限度がある。一枚一枚が小せえし、散らばってるから」と諸橋さん。「国の制度は平場の方ばっか見ている」と嘆く。

ただ一方で、安定対策では個々の農家だけでなく、集落全体が機械などを共同利用しながら行う「集落営農」も一定規模以上なら支援対象となることにも着目する。

中越地震で被災し、離農を強いられる高齢者らから「棚田を引き受けてほしい」と頼まれる状況がある。それを自分たち専業農家が集約して集落営農につなげられれば、とも考えた。

しかし、頼まれる棚田は山の奥深くにあり、被害の度合いが大きいものが多いのが現実だ。「正直なところ、経営効率の悪い田んぼは守っていけない」と諸橋さんは苦しい胸のうちを語る。

一方、集落に近い美田を手放す人はまれ。そうした棚田には「倒れるまでは耕したい」とするムラの年寄りたちの思いがこもっているのだ。

◆ミスマッチ

譲り手と受け手のミスマッチという現状。だが諸橋さんらは、自分たち数少ない「若手」が、いずれは半蔵金の棚田の多くを引

<準備>　わき水を利用しての種もみ作業に精を出す諸橋さん。＝長岡市半蔵金

き継がねばならないとも考えている。新たな担い手として団塊の世代のUターンを期待する向きもある。

「携帯電話もつながらん山に誰が来るか」と苦笑いする諸橋さん。それでも「田んぼは何とかしてえなあ」と言いながら種もみを浸し続けた。

□

経営所得安定対策　大規模農家など要件を満たした担い手に直接所得補償する。対象となる担い手の規模は個別経営で四ヘクタール以上、集落営農組織で二十ヘクタール以上。中山間地ではやや緩和され、営農組織では十ヘクタール以上となる。

（二〇〇六年四月二十二日）

棚田ふたたび4　支柱

痛手に耐え再起誓う
交付金活用　手だて模索

ムラは、大黒柱を失った。長岡市栃尾地区の半蔵金集落。区長を十年間務めた石丸大作さんが急死したのは二〇〇六年三月十三日のことだった。

椛沢《かばさわ》善一郎さん（69）はその前日、塞《さい》の神であいさつする石丸さんを見た。疲れているようだった。「心労もあったろう。地震病にやられたんだ」と悔やむ。

中越地震からの復興に向けた市との折衝、棚田復旧、ボランティアとの協力。七十四歳の石丸さんは、それらを一手に引き受けていたのだ。

◆大杉倒れる

〇五年の元日、半蔵金の高台にある諏訪神社の大杉が根元から折れた。樹齢八百年とされ、幹回りは十メートルもあった。

「大杉も区長も、復興への支えだったのに」と椛沢さん。石丸さん急逝でムラが受けたショックをそう語る。

区長が亡くなったその日には「半蔵金活性化の会」の会合が予定されていた。国による「中山間地直接支払い制度」による交付金をどう使うか検討する会。二〇〇〇年度から五年間で交付された分は山の棚田に続く農道整備に充てた。農道は〇四年に完成したが、地震によって棚田とともにほとんどが壊れてしまった。

そんな中、制度二期目の〇五年度から五年間の交付金の使い道を石丸さんを中心に話し合おうとした矢先、「大黒柱」が倒れたのだった。

それでも気を取り直して数日後に集まった椛沢さんら委員たち。結論は「棚田を直さないと、住民の心も直らない」というもの。本年度は七百万円を投入、棚田や農道を修復するための機械購入を決断したのである。

70％にも迫ろうとする高齢化率。三人しかいない本格的な専業農家。「担い手不足とかは前から感じていたが、地震に遭って、はっきりと分かった」と、自らも一ヘクタールの棚田に壊滅的な被害を受けた椛沢さんは言う。

まずは棚田を修復して、それを守る方法を考える。「できれば集落外の人の手も借りたい」。石丸さんが懇意にしていたボランティアグループと協力できないかと考えている。

◆新しい区長

中越地震から一年半。半蔵金の人々は支柱をなくした痛手にも耐えながら集落再生の手だてを探り始めている。地震で傾いた諏訪神社もお盆までに修理する。

「私らも、いつまでもかしがっていては

<神木>　地震と大雪で根元から倒れた大杉。高台からムラの人々を見守っていた＝長岡市半蔵金

いかんからのう」

○六年四月十六日、椛沢さんは区長に選ばれた。

□

中山間地直接支払い制度　棚田などの耕作放棄による国土荒廃を防ぐため、継続的に生産活動する農家に交付金を支払う。集落協定に基づき五年間急傾斜地を維持する場合には十アール当たり二万千円。一部は集落内で積み立て、集落全体の農業活動に使われる。

（二〇〇六年四月二十三日）

山間地農業復興の意義と方策（上）

期限越えても必ず復旧 環境保全の取り組み支援

農水省農村振興局整備部長
斎藤　晴美さん

さいとう・はるみ　京大農学部卒。1976年に農水省に入省し、昨年7月から現職。1980年に津南町の苗場山ろく第2開拓建設事業所に勤務。兵庫県出身。53歳。

中越地震被災地で遅れが目立っている山間の農地復旧をどのようにして促進するのか。さらに、そうした山間農地を農政改革の中でどう位置付けるのかを農水省農村振興局の斎藤晴美整備部長に聞いた。

×　　　×

―山間農地の復旧が遅れ気味です。

「復旧事業の査定を簡素化し早く工事に着手できるようにするなど組織を挙げて取り組んできた。しかし、豪雪や農道の崩落に加えて所有農地の境界線がはっきりしないことなどから一部が残ってしまっている」

―災害復旧事業は三年間で行うことになっています。地元には期限である二〇〇六年度内に終えられるか疑問の声もあります。

「すべて完了するよう最大限の努力をする。万一、終わらない場所が残ったら四年以上かけても責任を持って必ず復旧させる。一九九〇年の雲仙普賢岳（長崎県）の噴火災害では一部の復旧事業が六年かかったという事例もある」

―国として中山間地の農業をどのように位置付けていくのですか。

「中山間地農業は国内の農地の約四割を占めるほか、水資源や国土保全などの多面的機能もある。食の安全や安心への関心から、都市部でも総じて農山村への理解は高まっていると私は思う。その中で、今回の被災地のような中山間地の農業を活性化させるために直接支払い制度を設けたり、生産基盤や生活環境整備などの一部事業で補助率を平場（50％）より5％高くしたりしている。平場に対する条件の不利、ハンディを補正して農業者が頑張れる素地をつくるという考え方だ」

―来春からの農政改革では中山間地にも法人化や大規模化を促しますが、それに乗れない集落の衰退が懸念されます。

「改革の柱の一つは法人や認定農業者への経営安定対策を進めること。担い手を育成する産業政策だが、一方で農業者以外の住民も含めて農地や環境を守るための地域政策も〝車の両輪〟として展開していく。そこでは水路の草刈りや農道の維持管理、農地を生かした環境啓発活動などを行う住民組織に対し、水田の場合は十アール当たり二千二百円を支援することにしている」

——中山間地も集落営農や作業の共同化を進める方向に変わっていかざるを得ないのですか。

「やはり一人、一家での作業では効率が悪いし、集団でやっていく方がいい。棚田は非効率といわれるが、集落営農や法人化を進めることでうまくやっていけるはずだ。高齢化や後継ぎ不足など深刻な問題はあるが、国としても中山間地振興のためにさまざまな政策を用意している。道は閉ざされているわけではない。集落内でじっくり将来について話し合い、地域の特性を踏まえながら（共同化の）条件を整えていってもらいたい」

山間地農業復興の意義と方策（下）

農山村は生命創造の場 〝六次産業化〟で活路ひらけ

東大名誉教授
今村　奈良臣さん

いまむら・ならおみ　東大大学院修了。農学博士。東大教授、農政審議会会長などを歴任。各地で農民塾を開き、農村振興への提言を続けている。大分県出身。72歳。

幅広い畔《あぜ》に囲まれた狭い棚田。効率性では平場に到底及ばない山間地農業を復興させる意義と方策は―。農水省の政策評価会座長として国に提言する一方、全国各地の農村にアドバイスしている今村奈良臣・東大名誉教授に尋ねた。

×　　×

―中越地震の被災地では棚田復旧のめどが立たず、耕作放棄して集落を去る農家も出てきています。このまま農山村が衰退していっていいのでしょうか。

「農業は生命総合産業で、山村はその創造の場だ。安全で安心な食料を生産し、水源を保ち、伝統文化を継承し、国民の保養地となっている。必要ないなどという国はどこにもなく、むしろ各国で大切さが見直されてきている。韓国では都市で週五日働き、山村で二日間保養する『五都二村運動』、企業が縁のある山村の振興に努める『一社一村運動』が起きている。日本でも都会人が山古志や十日町に通うような運動やキャンペーンがあるべきだ」

—都市住民は中越などの山村への関心は薄いようにも感じますが。

「二十年ぐらい前までは、都市に新潟など地方の農村から出てきた二男、三男がたくさんいた。経済界などで成功した人も多く、どんな業界にも農村を知っている人がいて理解や関心も高かった。しかし、都会でも世代交代が進んだことで、知識や理解がない人が増えたという面はある」

—理解を得るにはどうすべきでしょうか。

「地縁血縁だけに頼らない、新しい交流を進めるべきだ。食文化、雪、温泉などテーマを決めて交遊するとか、農と食の持つ教育力を生かすとか、都会の持つノウハウや資本、技術力を求めて働き掛けるとか、多様な縁結びを考えなければ」

―その前提として、山間地の生業をどのような形で復興させるべきでしょうか。

「集落内で役割分担し、農畜産物を原料のまま出荷するだけでなく加工し、さらに直接販売するなど多様な就業形態を創造する。一次、二次、三次産業を掛け合わせた農村の〝六次産業化〟だ。農地復旧が大変なら草地にして牛などを放牧してもいい。九州などにはそういう山間地畜産で成功している地域もある」

―営農形態も見直しが必要となるのでは。

「家族経営から単位を広げ、法人化とか共同化のような新しい形を目指さないといけない。『一村一農場』とか『谷ごと農場』ができれば一番いい。国や自治体は変な命令や口出しをしないで、地域が決めた方針を支援する政策を追求してほしい。そうでないと、若い人を呼び込む新しい地域農業はできない」


（二〇〇六年四月二十五日）

第九章　「越山」のムラ・道標求めて

中越地震は田中元首相が推進した公共事業で整えられた道路やトンネルを破壊した。それらは利益誘導との批判を受けながらも、格差是正に向け地方に中山間地にと光を当ててきた政治の象徴だった。今、田中型政治は完全に終えん。小泉政権による中央、大都市重視の姿勢が指摘されて久しい。復興への道標《どうひょう》＝みちしるべ＝はどこにあるのか。かつて「越山のムラ」と呼ばれた旧山古志村をルポし、考える。

（二〇〇六年五月）

「越山」のムラ・道標求めて（上）　執念

隧道完成まで死ねぬ
「費用多額」批判を懸念

中越地震で全村避難した旧山古志村。その北部に位置する種苧原《たねすはら》集落の近くに工事中の隧道《ずいどう》がある。集落と長岡市街を結ぼうとする「萱峠《かやとうげ》トンネル」。田中角栄元首相の〝遺産〟である。

「あれが開通するまでは、死ねねえよ」

元・種苧原越山会長の青木徳司さん（86）は、つぶやく。

◆「青年団長」

中越の被災地には山間のムラから平場に出るための隧道が無数にある。多くが「旧三区」を選挙区とした元首相の肝いりでできた。地震で児童三人が犠牲になった小千谷市塩谷集落と街を結ぶ「塩谷トンネル」が象徴として知られる。

塩谷の開通から遅れること二十三年、なお未完となっている萱峠トンネル。その整備を青木さんが決意したのは復員直後の一九四六年。青年団長として「萱峠をぶち抜かなければ種苧原の明日はない」と訴えた。

「そげんこと、できるもんか。軍隊で頭おかしくなったか」。陰口も言われる中、青木さんは翌四七年に初当選したばかりの田中角栄衆院議員を種苧原に招いて要望。その後も元首相後援会・越山会の地域トップとなって陳情を続けた。

種苧原から萱峠を抜けて長岡市街に至るルートが国道３５２号に昇格し、隧道などの整備が決まったのは七五年。八七年にはいよいよ萱峠工区に着手。これまでに二本を貫通させ、最後の萱峠トンネル完成も間近と思われたが―。

その工事をほとんど止めたのが中越地震だ。被災した道路やトンネルの復旧が最優先されるのは当然のこと。あおりを受け大幅に予算を削られた萱峠については「完成時期のめどは付かない」（県）という状況だ。

青木さんら住民の心配は、ほかにもある。最盛期には五百世帯が暮らした種苧原だが、中越地震前に既に百九十一戸に細っていた。加えて約三十戸が被災の影響からムラを去るのだ。

総事業費八十億円のうち五十二億円を投入してきた萱峠工区。かつて塩谷トンネルにも浴びせられた「やせ細った一集落のために多額の費用を使っていいのか」という声が上がりはしないかとの懸念である。

◆ぜいたく？

「まさか、地震のせいで工事が途中で終わったりしねえよなあ。おれたちはぜいたくなんか言ってねえ。平場とおんなじように病院や学校に通えるようになりてえと

<未完>　国道352号が未完成であることを示す案内板。開通すれば長岡市街までは車で約25分と半分に短縮される＝長岡市古志種苧原

思ってきただけだ」

ムラを去る人々には越山会の仲間たちも少なくない。だが、青木さんは妻とともに身を寄せている長岡市街の息子の家から、この六月に種苧原に戻ることにしている。

（二〇〇六年五月二十一日）

「越山」のムラ・道標求めて（中）不安

引け目　帰村の妨げに
復旧工事　平場と温度差

中越地震に襲われて間もないころだった。旧山古志村虫亀の酒井省吾さん（78）は避難先の長岡市内の高校で、こんな声を耳にした。

「角栄の道がみんな壊れたんで、また税金使って造るんだとさ」

「山から下りればいいじゃないか」

長岡の平場の人たちの雑談だ。田中角栄元首相が君臨していた一九八〇年に旧山古志村長に初当選し、以来五期二十年にわたって村政を担った酒井さんには、たまらなく切ないものだった。

〝帰村〟に向けて道路など基盤の復旧が急ピッチで進む今も「平場の人たちに引け目を感じている住民は少なくない」（酒井さん）という。

◆過疎防げず

「引け目」の背景には膨大な公共事業の投入と道路網の整備によっても「ムラの過疎化は防げなかった」という住民の思いもある。

七〇年には旧山古志村を縦に貫く形の県道栃尾小千谷線が開通し、七五年には種苧原など村北部を横断するルートが国道352号に昇格。そして酒井さんの村長就任の翌八一年には木篭など村南部を横切る路線が同291号に格上げされる。

「みんな角さんのおかげだ」と酒井さん。「長岡の街に通えるようになって、冬も出稼ぎしなくともよくなったんだ」と振り返る。

しかし、それでも山古志の人口は減り続ける。七〇年に約四千五百人だったのが八〇年に三千五百人。酒井さんが長島忠美村長（現衆院議員）にバトンを渡す二〇〇〇年には二千二百人となってしまう。

「角さんが平場に通じる道やトンネルを造ったから、人がそこから外に吸い出されるんだ」というのが当時からあった指摘だ。

だが、酒井さんは「そんなことはない」と語気を強め、「農林業から二次、三次産業の商工業へと日本の産業構造が変わったからだ」と言う。

実際、中越地震前の〇四年十月の山古志の人口は二〇〇〇年から微減の二千百六十八人。産業の変化に応じて棚田と錦鯉、長岡などへの勤めで暮らす人々が残り、安定しかけているようにも見えていた。

◆2千人割れ

しかし今、中越地震の衝撃により山古志には約百世帯が戻らず、人口が二千人を切るのは確実というのが現実だ。酒井さんらには「平場への引け目」の中で、

＜寸断＞　国道291号は土砂崩れダムに寸断された。「角さんの道も地震には勝てなかった」（酒井さん）。今秋の復旧へ工事は急ピッチだ＝長岡市古志東竹沢

山を下りる人が増えないかとの不安もある。

「勝ち組とか負け組とか、今は格差があって当然のような世の中だが」と酒井さん。手入れのため訪ねた虫亀の家の座敷で元首相の色紙を見上げながら語る。「人は効率性だけでは生きていけないと思うがね」

元村長は、長岡市街の借家から虫亀に七月に戻る予定だ。

（二〇〇六年五月二十二日）

「越山」のムラ・道標求めて（下）特需

仕事は再びなくなる 生き残りに農業参入も

言ってはならない言葉である。だが、どうしても思ってしまうのだ。

「どうせなら、もうちっと早く地震が来ていたらのう」

旧山古志村種苧原《たねすはら》で営んできた建設会社を、事業の先細りから中越地震の一年半前にたたんだ小幡文蔵さん（80）。今、「復興特需」でダンプや重機がひっきりなしに行き交うムラを眺めて言う。

◆老舗の廃業

昭和三十年代創業の「小幡土建」は山古志の建設会社では一番の老舗だった。もちろん「世話になったのは角栄さん」と小幡さん。「家に泊まってもらったこともある。山古志ではおれの家だけだ」と田中元首相とのつながりを自慢する。

冬場は出稼ぎするしかなかった山古志を変えた元首相肝いりの公共事業。道路網の整備により平場への通勤が可能になったのに加え、公共事業そのものが村の産業となったのである。

元首相が政治力を発揮した一九六〇年からの二十年間で、山古志では建設業に就く住民が約六十人から三百人へと五倍に増加。小幡土建も一時は百人もの住民を従業員として抱えた。

だが、村内の基盤整備が進むにつれて事業は減少。小泉内閣による公共事業削減方針で完全な冬の時代に入り、二〇〇三年三月末、既に社員十人ほどに細っていた小幡土建は廃業する。その後に中越地震が起き、特需が生まれた──。

しかし、冬の時代を生き延びた中越の業者らも「特需はいっとき。数年たてば再び仕事はなくなる」と覚悟はしている。異業種への進出を模索する動きもある。

今、山古志にただ一つ残る建設会社「大久保土建」の会長五十嵐与吉さん（76）もその一人。地震前に計画していた農業参入を「いずれまた考えなければ」と語る。

計画は、棚田を活用して商品価値の高い「はさがけ米」などの生産に企業として乗り出そうというもの。小泉内閣が打ち出した「特区」に〇四年六月に認定されたが、動き出そうとした矢先に地震に遭い、頓挫したままなのだ。

◆こめた思い

「もっと早く地震が来ていたら」との小幡さんの言葉には、自らの会社をたたんだ悔しさ以上に「元首相が健在なころだったなら、ムラの復興はもっと進んでいるはずだ」との思いがこもる。

中越地震に襲われ、翻弄《ほんろう》された越山のム

<埋没>　山古志の東西を結ぶ羽黒トンネル。傍らに立っていた田中元首相揮毫《きごう》の石碑は土砂崩れに埋もれ、まだ見つからないという＝長岡市古志竹沢

ラ。農業への回帰をはじめとした業者の、そして地域の生き残り策はどう探られていくのか。

新たな「道しるべ」はまだ見えていない。

（二〇〇六年五月二十三日）

第十章　インタビュー・道標求めて

中越地震被災地では今もなお仮設住宅に暮らす被災者の古里への帰還に向けて道路やトンネル、橋などの復旧工事が急ピッチで進む。しかし一方では、山間のムラでの暮らしのめどがつかぬままに「帰村」断念を強いられる人も少なくない。かつて田中角栄元首相が唱えた「列島改造」の象徴として公共事業が投入された被災地。だが、インフラ復旧だけでは地域の再生は不可能だ。復興への道標となる新たな国土政策はどのようなものであるべきかを識者らに聞く。

（二〇〇六年五月）

格差拡大は大問題
中央と地方
政策転換を

自民党元幹事長
加藤　紘一さん

かとう・こういち　東大卒。64年外務省入省。72年に衆院初当選。自民党幹事長、内閣官房長官などを歴任。山形3区選出で、現在12期目。山形県鶴岡市生まれ。66歳。

―かつて「国土の均衡ある発展」を目指した自民党政治が今、中央と地方の格差も認める方向に変わりつつあるように見えます。中越地震復興に大きく影響すると思われますが。

「これは大問題だ。田中元首相は中越に生まれたから地方を大事にしたが、小泉首相は神奈川県の横須賀が選挙区だから都会的政治をやったというのは否めない。都会を重視した結果、地方との間の格差が拡大したのは確かだ」

―小泉政権をどう評価していますか。

「小泉内閣は人気こそあるものの、政策はダメだったとの意見も多い。次の政権も今のような米国的なグローバリゼーション、市場原理第一で大都市重視の社会づくりをやったら自民党は終わり。日本の政治の限界が来るだろう」

―小泉内閣以前には国は公共事業を中心に中山間地対策を展開していました。振り返ってどう評価しますか。

「公共事業がなかったら過疎化はもっと進んでいただろう。問題は公共事業という単年度の仕事に頼りすぎたこと。（中越では）良くなった道路を活用して地元でも産業を作れた部分があったはずなのに、田中さんに頼り切ったことで住民にそうしたバネがなくなってしまった面はあるのではないか」

―地方の「公共事業頼み」を高めたのも国ではありませんか。

「政治家には地元から悲鳴が上がれば即答する癖があり、知恵を出す前に当面のカンフル剤として公共事業を与えることを続けてしまった。中身がないといわれる小泉改革だが、ただ一つ成果があるとすれば、景気対策に公共事業を使わなかったこと。地方の建設会社は困っているが、頼ってはいけないと気付いたことは改革の一歩だ」

――中越の被災地はどのように再生の道を探るべきでしょうか。

「中越の山間地には被災者がムラに戻るのを支えるだけの産業力がないとも言われているようだ。しかし、例えば旧山古志には錦鯉もいるし、闘牛もある。さまざまな資源がある。頑張ってみる価値はある。部品製造などでは地方にも世界シェアがナンバーワンといった企業が出始めている。長岡市にも長岡技術科学大や長岡高専などがある。豊かな中山間の自然と田中さんの造った道路、技術や教育を組み合わせれば、さまざまな可能性がある」

――そのために必要な政策はどんなものですか。

「農家への直接支払い制度などの政策は続けていく必要がある。公共事業でも将来への前向きな地域づくりに役立つものは確保していくべきだ。山形のある村には個人経営では全国二番目の売り上げを誇るバラ園がある。そうした核となるものがあれば、さらに成長させるために道路などを整え、地域の発展につなげるべきだ」

（二〇〇六年五月二十六日）

インタビュー・道標求めて2　全総と将来

均衡ある発展困難
新潟独自の方向性示せ

元国土事務次官
下河辺　淳さん

しもこうべ・あつし　東大卒。47年戦災復興院に入り、旧経企庁総合開発局長、国土事務次官、総合研究開発機構理事長などを歴任。東京都出身。82歳。

国土開発の指針である全国総合開発計画（全総）は一九六二年策定の一次から九八年の五次までほぼ一貫して「国土の均衡ある発展」をうたってきた。それでも山間地の過疎化は止まらず、中越の被災地では地震の衝撃が流出を加速させている。五つの全総づくりにすべてかかわり、田中角栄元首相のブレーンでもあった元国土事務次官・下河辺淳さんに、全総の現実とこれからを聞いた。

×　　×

――全総による「過疎過密と地域格差の解消」は今も実現していません。

「中越の山間部からは地震が起こらなくとも人が出ていってしまうというのが現実ではなかったか。国の過疎対策はこれまでずっとうまくいかずに苦しんできた。国土計画で、これで成功した、というのが一度もなかったというのは確かだ」

―地方開発のプロジェクトをデザインした全総は五次を最後に終了し、新しい「国土形成計画」に移行するとされていますが、もう「均衡ある発展」はうたわれないのでしょうか。

「計画は時代に応じて変わる。地方を保護して都市と同じように平均的に発展させていくことを目指した時代もあったが、それは現実的には不可能だ。これからは人口が激減していく。その中で弱きを助けるための補助金を厚くしては日本の政治や経済が持たない。投資もある程度は都市に集中させざるを得ないのは事実だ」

―米国流のグローバリズムが進めば中越のような中山間地は切り捨てられる恐れもあります。

「今のままで過疎地をみんな保護しようというのも非現実的だ。一方で、安全で安心な地域に積極的に移転してもらうというのも一つの考え方だろう。一方で、これからは国が支援しなくとも山間地で農業をやりたいという人も出てくる。農業も総合的な経営者でないと成功しない時代。高学歴の人たちにとって大企業に勤めるよりもやりがいのある時代になるはずだから」

―中越の被災地は復興へのビジョンをどう描けばいいのでしょうか。

「指摘したいのは、田中元首相は全国の平均的・統一的な開発という考え方にはむしろ反対で、地域の独自性を打ち出しての発展を考えていたことだ。信濃川の堤防は信濃川水系の農業に合ったものだったし、新潟空港を造ったのだって新潟という地方の特色を生かすためだった」

―中越、新潟は地方としての独自性を打ち出せということですか。

「かつて新潟県は全国でも最多の人口を抱えていたこともある。これまではその新潟から人々が上京し、東京一極集中の手伝いをしてきた時代。そして、そんな時代が終わろうとしているときに中越地震が起きた。中越・新潟は全国的なテーマになり得る。今こそ『新潟とは何か』を議論してほしい」

（二〇〇六年五月二十八日）

インタビュー・道標求めて3　建設の針路

新しい農業目指せ
機動力活用
観光展開も

東工大特任教授

米田　雅子さん

よねだ・まさこ　お茶の水女子大卒。本県などでの建設業の新分野進出研究会に参画している。著書に「田中角栄と国土建設」などがある。山口県出身。50歳。

米田さんは国土建設と地方の振興、建設業の変革などを研究している。中越地震被災地のような中山間地を振興していくために必要な新たな政策を聞いた。

×　　×

―被災地には「復興特需」後の公共事業激減を懸念する声もあります。

「これまで中越のような中山間地は、農業補助金と地方交付税、それに公共事業でようやく維持されてきた。しかし農家は高齢化し、交付金は三位一体改革で削られ、さらに小泉改革では公共事業も削減された。だから中越復興にも決め手がない状態だ」

―なぜ地方が公共事業への依存を高めるようになったのでしょう。

「よく田中角栄さんが公共事業を進めたせいだとされるが、それは違う。田中さんが病気で倒れた一九八五年に、『内需を拡大しろ』という外圧を受けた政府が公共投資増額を国際公約して以来の政策誘導が原因だ」

―そして、小泉内閣によって公共事業が削減されましたが。

「先進国の成熟社会では公共事業は緩やかに減少し均衡状態を保つ。それが国策で一気に増減するのは異常だ。地方では雇用の最後の受け皿になっていた建設業が削られ、ほかに勤め先はない。それを放っておき、都会との格差があるままで自立しろと言っても無理。格差を是正した上で競争させなければ。政策誘導で公共投資を増やしたのだから、減らすときもきちんと対応すべきだ」

―住民が山間地から平場に下りればいいという声もありますが。

「長期的に見れば、山間地や離島に人が住むことにより、日本の富の持続的発展が可能となる。社会基盤や農林業は中長期的視野の『ゾウの時間』で考えるべきだ。市場原理やグローバリズムは『ネズミの時間』で、極めて短期の経済的な指標でしかない」

―中山間地の持続的発展のためには、どのような対策が必要ですか。

「中山間地で残っている企業らしい企業は建設会社しかない。公共事業削減で人が余っていて機動力もある。農林業にどんどん参入してもらい、生産から販売、加工、ブランド化、観光まで含めた新しい農林業を展開すればいい。産業クラスター（産業集積）だ。中越でも復興の切り札の一つになるだろう」

―そのためには、どのような政策を展開していくべきでしょうか。

「補助金漬けをやめて規制緩和と制度融資の改革を行うべきだ。農業や林業は縦割り行政で規制されていて建設業から参入できない。それをまず撤廃する。制度融資も枠を取り払い、農業に参入する中小企業が融資を受けやすいようにする。自民党にも建設業の新分野進出についての勉強会が発足し、動き始めている。政治家は十年後の自立型の農林水産業の育成を考え、思い切った政策を展開してほしい」

（二〇〇六年五月二十九日）

インタビュー・道標求めて4　道路の役割

都市住民　呼び込め
地域性発揮
特産PRを

東大大学院教授
家田　仁さん

いえだ・ひとし　東大卒。1995年から東大大学院工学系研究科教授。識者らで発足させた協議会「よりみち街道『中越』」の会長としても道路と復興を考えている。東京都出身。50歳。

中越地震では田中角栄元首相の政治力の象徴とされた中山間地の道路網が大きな被害を受けた。国土学や交通学が専門で、土木学会の中越地震調査団長として被災地を視察してきた家田さんに、山間地の道路を整備する意味や、地域の復興につなげていくための手だてを聞いた。

×　　　×

―被災地の道路を見てきて、感じたことは。

「住民手掘りによる中山隧道《ずいどう》（旧山古志村）に表れた『必要な道は自分たちで造

る』という気概に感銘を受けた。山間地域には本当に必要な道路があるのだと思った」

—利用者が限られた山間地域の道路整備は、利益誘導によるものという指摘もありました。

「人がそこに住んでいるのなら、為政者はひどい生活をさせたくないと普通は考える。水や電気、道路など最低限のサービスを保障するのは当然だ。田中元首相のころのように、財政面での心配がなく地域間格差が大きかった時代に『均衡ある発展』を目指したことは間違っていない。財政状況などに応じて、どこまでの水準のサービスを提供するべきかといった問題はあるだろうが」

—中越地震で被災した山古志のような中山間地をめぐっては「また山に多額の税金をかけて道路を直すのか」といった声もあったようです。

「それは暴論。ごく一部の人の考えだ。（山古志南部を横断する）国道291号があるから、過疎化が進んだ中で、それでも山古志に人が残ることができた。道路は農山村の産品を都会に運び、都会からの観光客を農山村に受け入れる役目がある」

―道路の復旧を地域の復興につなげるには何が必要でしょうか。

「道路整備そのものを産業としてしまって、地元の特産のようなものを大切にしないムラは衰退していく。地域としての独自性を持てるかが生き残れるかどうかの分かれ目だ。例えば、山形県金山町は、家を建て替えるときには地元の金山杉を使い、白壁で木組みの家にしようという取り組みを三十年にわたって続けている。今、町の三割の住宅がそうした趣のある家屋となって、観光客が訪れている」

―中越では、どのようなことが考えられるでしょうか。

「交通渋滞をはじめとした都市環境の悪化の中で、そこに居住する団塊の世代の人々は地方にも生活拠点を持つ『二地域居住』を実践し始めている。中越は首都圏からの距離・時間を考えてもそうした人々を呼び込める可能性はある。ただ、繰り返しになるが、道路だけ復旧しても駄目だ。山古志では視察に訪れる人に郷土料理を振る舞う試みが始まっている。そうした努力を続けていってほしい」

（二〇〇六年五月三十日）

インタビュー・道標求めて5　山村の価値

経済指標で計れず
教育と医療
再生の鍵に

哲学者
内山　節さん

うちやま・たかし　都立新宿高卒。哲学者。群馬県上野村と東京の二重生活をしている。森づくりなどを進める非営利団体に参画。著書に「『里』という思想」「森の旅」など。東京都出身。56歳。

立教大大学院の教授でもある内山さんは山村と都市を往来しながら、現代社会のゆがみや人間の幸福を考え、米国流の市場原理主義やグローバリズムに対し「ローカルであること」の大切さを説いている。中越の被災地をはじめとした中山間地の価値を尋ねた。

×　×

中越の山間地では公共事業削減後の将来展望が見えにくい状況です。

「山間地のムラの経済は公共事業依存型から脱するべきだが、その急減には人も自然も付いていけず、ムラ自体を維持できないのが現状だ。公共事業激減による現在のムラの荒廃は小泉改革の狙い通りのものだと思う。政府・財政当局はコストのかかる山村から住民を下ろしたいのだろう」

—山村が消えていってもいいのでしょうか。

「山村には経済的な指標だけで表現できない豊かさがある。山村は都市の行き詰まりを気付かせ、都市がどうあるべきかを考えるヒントも与えてくれる。中越についても、都市の多くの人が被災後の惨状を見て気の毒だと思うと同時に尊敬の念も抱いた。自分の親や祖父母が捨ててきた世界だ。しかし、そこに尊敬に値する何かを感じ、行って何かをしたい、と思った人たちもいる」

—経済指標に表せない豊かさだけでは解決できない問題もあります。

「ムラの人々の努力で解決できず、経済的な支えが必要な課題は教育と医療だ。山村向けの特別な奨学金制度を設けて大学進学時などでの親の負担を軽くすべきだ。山間地出身の大学生の割合はわずかだから、財政的に十分可能だ。医療についても、山間地の高齢化が進んだ地域ほど介護保険を安くするとか、農家でも厚生年金並みの年金額を受け取れるようにするなどの対策が必要だ」

——教育と医療に投資するだけで効果があるということですか。

「実際、教育と医療の分野で政策的に対応した欧州各国の山村では三十年ぐらい前に過疎化が終わり、その後は人口が増え続けている。八割が都市出身者というムラもあるほどだ。原因は都市の行き詰まり。日本でも都市で何千万人の中の一人として暮らすより、掛け替えのない地域社会の一員として自然とともに生きたい、と山村に移り住む人はいる。教育と医療の問題をきちんとすれば、あとはムラの豊かさを生かす努力で解決できる問題が多い」

——豊かさを、どう生かせばいいのでしょうか。

「地域社会での人の生き方や歴史文化、自然をそのまま財産にすることだ。それがしっかりしていれば、観光面での付加価値にもなる。中越の人々も、都市の人たちの関心があるうちに考えていくべきではないか」

（二〇〇六年五月三十一日）

第十一章　絆を求めて

住宅の新改築ラッシュでつち音が響く中越地震被災地。しかし、仮設住宅には二〇〇六年五月末現在でなお七千二十四人が暮らしている。復興には被災地の外にある都市などとの息の長い連携が欠かせない。中越への関心が薄れつつあるようにも見える県都や首都圏の住民。その中でも「絆《きずな》」を保とうと必死に活動する人々をルポする。

（二〇〇六年六月）

絆を求めて（上）　落差

ボランティアが急減
薄れる関心　対応課題に

「中越地震って、いつ起きたんだっけ」「もう終わった話だろ。いつまでやってんの。何か見返りでも欲しいの」

埼玉県戸田市から中越の被災地に通うボランティアの木村光善さん（36）は最近、そんな言葉を都会の仲間たちから聞くようになったという。

月に二、三回は車で片道三時間かけて中越に入り、壊れた家屋の片付けや養鯉池の掃除などを続けている。「せめて友人には分かってほしいと思って被災地の様子を話しても、なかなか伝わらない」と嘆く。

◆200人弱

復興・復旧への関心の落差は県内にもあると指摘する声がある。

「新潟市の人や学生たちは、もう中越地震をほとんど話題にしない」と言うのは今春、福島県から新潟大学に入った泉和恵さん（18）だ。故郷の会津若松市の温泉が中越の被災者を招いたことなどから関心を深め、入学と同時に新大震災ボランティア本部に自らの名前を登録した。

しかし、同本部によると二〇〇六年六月七日現在の登録者数は二十五人。地震直後には三百人もの新大生たちが被災地に入っていた。泉さんには納得できない激減ぶりだ。

全体でもボランティアの数は急減している。県社会福祉協議会によると、同年五月に中越入りしたのは計百五十二人。〇五年五月の十分の一以下に落ち込み、一カ月当たりで初めて二百人を割った。

被災地が落ち着くにつれて、その数が減るのは自然なことではある。

ただ「仮設住宅からの引っ越しなど支援が必要な作業はまだまだ多い。山古志をはじめ生活再建が手つかずの地域もある」と木村さん。「中越がこのまま急激に都市の人々に忘れられてしまったら、確実に復興に支障が出る」と懸念する。

一九九五年に起きた阪神・淡路大震災で現地入りしたボランティアは、被災から二年以上にわたって月当たり約一万九千人（兵庫県推計）を維持して息長く活動した。急減した中越との違いは被害規模の相違だけで生じたものなのか。

「中越はボランティアとの絆《きずな》を生かし切れていない。名簿があるのだから、行事予定を案内するとかして関心を持ち続けてもらう努力が必要だ」と木村さんは

＜歓談＞　小千谷市の東山小運動会に駆け付けた木村さん（左から２人目）。地震で娘を亡くした同市塩谷集落の星野武男さん（左端）の一家とともに弁当を開き、語らう＝2006年５月28日、同小体育館

言う。

◆家族ぐるみ

〇六年五月二十八日、小千谷市の東山小学校で二年ぶりに開かれた運動会。大玉送りを楽しむ父母らの中に木村さんもいた。

東山小は地震で三人の児童を失った。なお三分の二が仮設住宅から通う。木村さんは家族付き合いをするまでになった児童の遺族らと一緒に参加し、ともに駆け、笑い合ったのだった。

「見返りなんて、考えたこともない」

木村さんは、胸の中でそうつぶやいた。

（二〇〇六年六月八日）

絆を求めて（中）　学習

被災地体験で交流を
受け入れ態勢　整備必要

中越の被災地に入るのは初めてだった。頻繁にダンプが行き交い、あちこちで交互通行の信号待ちを強いられる。そのたびに崩れた山肌の赤茶色が目に入る。「今もこんな状態が続いているのか。地震は一瞬のことなのに」

二〇〇六年の五月中旬。東京・江戸川区立二之江中学の教諭内田利生さん（49）は長岡市（栃尾）の半蔵金地区を訪ね、言葉を失った。

◆ナントカ村

内田さんは、七月に林間学校で半蔵金入りする同中学の二年生・百四十人の学年主任として下見に訪れた。

生徒が泊まる農家も回った。残念なのは地震についての話をほとんど交わせなかったこと。駆け足の訪問だったせいもあってか、誰も語らず、心の傷に触れてはと思うあまりに自分からも聞けなかったのである。

そんな体験の後、林間学校の事前学習で生徒に問い掛けてみた。「みんなは、どれだけ中越地震のことを覚えているかな」。しかし、返事はぽつりぽつり。断片的な言葉しか出てこない。

「倒れた家」「仮設住宅」「ナントカ村」

関心が薄いのも無理はない。半蔵金での林間学校は「棚田を体験させたい」との方針から〇四年の夏ごろまでに決めていたもの。その後に中越地震が起きたため急きょ被災地体験を目的に追加し、〇五年の夏、今の三年生が初めて栃尾に入ったばかりなのだ。

初回には「なぜ危険な所に行くのか」との保護者からの抗議もあった。「被災地についての認識は、まだそのくらいでしかなかったということ。自分も含めてだが」と内田さんは認める。

しかし半蔵金から帰った今は、林間学校を有意義にするための工夫を考えるのに懸命だ。

前回と同様に壊れた棚田を耕したり、草刈りを手伝ったりする。しかし、下見での体験からしても、農家の人々がすぐに被災体験を語ってくれるとは限らない。

だから前回は一泊だった民泊を二泊に増やした。「農家の人たちとたくさんの会話を自然な形で交わしてほしい」と内田さん。そして「地震に遭っても負けない人々の姿に触れてもらいたい」と言う。

＜授業＞　半蔵金での林間学校に向け、中越地震についての授業を行う内田さん。都会の生徒たちの関心を高めるため、工夫を凝らす＝2006年６月２日、東京・江戸川区

◆人ごとか？

県農林公社などによると、中越地震で被害の大きかった長岡市、小千谷市、川口町に交流授業などで入った都会の小中高校は二之江中を含め二校だけ。被災地体験を目的としたのは同中しかない。一方、被災地側も体験学習受け入れの態勢をようやく整え始めている段階だ。

そうした中で、成果が期待される二之江中の二年目の半蔵金入り。

「東京だっていつ地震が来るか分からない。人ごとじゃないんだ」

内田さんは、生徒たちに言い続けている。

（二〇〇六年六月九日）

絆を求めて（下）　村長

山古志の実情伝えたい
支援訴え　全国を行脚

旧山古志村の六地区の区長たちが、一人ずつ座布団の上に立ち上がって訴えた。みな直立不動の姿勢である。

「まだ家の移転先も定まりません」「雪の前に宅地整備ができなければ帰れないのです」

二〇〇六年五月二十九日、長岡市陽光台の仮設住宅集会所。視察に入った参院災害対策特別委員会のメンバーに対する陳情だ。傍らには旧山古志村長の長島忠美衆院議員も防災服姿で座り、支援強化を要望した。

必死の訴えが続くうちに、ある区長が言った。「長島先生も応援してくれるが、一人ではなることとならんことがある。なあ先生」。元村長は顔を赤らめ、苦く笑った。

◆動かぬ国会

自らも与党・自民党の一員で本来なら要望を受ける立場だ。しかし、自民党総裁選や〇七年の参院選に向け与野党の対立色が強まる中では被災地支援の議論は大きな声になりにくいのが現実である。「見え」は捨てた上で元村長の立場から視察団に訴えたのだった。

国会では、野党三党が住宅本体の再建への国費投入などを盛り込んで提出した被災者生活再建支援法改正案が、審議もされない状況が続く。改正案づくりにかかわった民主党関係者の一人は「結局、必要なのは世論の風だ」と指摘する。

記憶に新しいのは電気用品安全法をめぐる論議だ。安全を確認した「ＰＳＥマーク」の付いていない家電製品販売を〇六年四月から禁止するとしていた新制度。これに対し「中古品のリサイクルを阻害する」などとして広範な市民運動が展開され、国が条件付きで販売を認めるに至った。

誰にでも身近な家電の問題なら運動は盛り上がる。それに比べて、地方の被災地復興という問題に向けた関心を維持することが、なぜ、こんなにも難しいのか——。

ボランティアをはじめ、中越にかかわる多くの人の思いだろう。

◆教訓語って

長島さんは土曜や日曜、さらに平日の夜も利用して中越地震を伝える講演を続けている。〇五年九月の衆院議員当選後から既に約五十回。経営者団体の招きにも、労働組合からの招請にも応じ、全国

<雑踏>　東京の街頭で、自民党の一員としてジャワ島中部地震被災地への募金を求める長島忠美衆院議員。雑踏の中、頭を下げる＝2006年6月2日、千代田区有楽町

を行脚している。

ただし、講演では国会での論議には触れない。山古志の全村避難のありさまや、仮設住宅での生活をとつとつと語る。

「避難所ではいつもの薬がなくてパニックになる人もいます。数日分の薬を持ち歩きましょう」

教訓を伝えれば誰もが聞き入る。それが中越への支援につながれば、との考えだ。

地元には「語り部などは、国会議員の仕事ではない」との声もある。長島さんは「これは村長としての仕事だと思っている」と答えている。

（二〇〇六年六月十日）

第十二章　どうする被災地再生

中越地震から一年八カ月。被災地の仮設住宅には、なおも約七千人が暮らしている。人々が「わが家」に戻り、そこで生活していくためには生業を再興し、集落を再生させなければならない。都市との格差が広がる中で、被災地の復興をどのように進め、中山間地のムラを維持していくのか。これまでのシリーズでルポした被災者の訴えを基に識者らに聞き、行政の責任者にただす。

（二〇〇六年六月）

どうする被災地再生1

長岡市古志種苧原

青木徳司さん(86)

〈思い〉隧道の完成までは死ねない

旧山古志村の種苧原《たねすはら》集落で、長岡市中心部へと抜ける隧道《ずいどう》の建設を六十年前から訴え続けている。しかし、完成のめどは立っていない。「中越地震で（山古志の）山を下りて平場に移る人も少なくないのに、多額の建設費を使う必要があるのか」という声が上がるのが心配。ぜいたくなどではなく、平場と同じ生活をしたいだけだ。地震のせいで工事は途中で終わらねえよな。完成するまで死ねねえよ。

選択と集中不可欠 地域づくり知恵絞って

自民党税制調査会長

柳沢　伯夫氏

やなぎさわ・はくお　東大卒。61年旧大蔵省入省。80年に衆院初当選。金融担当相、国土庁長官など歴任。静岡３区選出で現在８期目。70歳。

―政府は公共事業削減を進めているが、中越には、まだ道路やトンネルを求める地域もある。

「正直なところ、私の地元も道路が十分に整備されたとは言い難い。道路特定財源を一般財源化することが検討されているが、『もう道路を造らない』という前提で検討されているのなら、それはおかしい。ただ、今までと全く同じという訳にもいかないだろう」

――小泉内閣の地方に対する姿勢をどう見るか。

「かつては『国土の均衡ある発展』を目標に経済成長の果実を財政を通じて地方に配分した。だが、バブル崩壊による財政の非常な傷みの中、民間の力を頼りに小さな政府を目指すうちに『公共事業なんてものは縮小を』ということになった。さらに企業が海外に安い労働力を求めたため地方の二次産業が空洞化し、これが中央と地方の格差を生んだ。工場を誘致したいから道路を引くといった公共事業も正当化できなくなった。しかし、小泉内閣は公共事業全体のボリュームは縮小させたが、地方をほったらかしにはしていない。（経済特区などで）個性を持った地域づくりをしてくださいと言っている」

――だが、中越の被災地のように過疎化・高齢化が進んだ中山間地ではなかなか難しい。

「例えば、十日町市などが催している大地の芸術祭は現代アートで地域おこしをするというユニークな試みだ。私も何度も訪ねているが、住民や東京の学生たちの交流が生まれていて勢いがある。外部の力を借りてもいい。地域のリーダーを中心にして外から情報を得て刺激を受ければ、自分たちが持つ資源に気付くこともある。（小泉内閣は）そうした知恵を使った地域おこしで中央から金を引き出すことを求めている。まさに選択と集中だ」

――被災者生活再建支援法について、住宅本体の再建も補助できるよう改正すべきという声が被災地には強い。

「私有財産制の日本では、個々人の財産になってしまうところに直接、国の税金を使うのはおかしいという建前がある。日本の法の基本的な建前だ。まず必要なのは地震が起きても被害が最小になるよう対策を進めること。その上で、民間の保険事業に国が補助するのが現実的ではないか」

――「地震税」を設けて復興財源を確保すべきとの意見もある。与党の税制調査会長としてどう考えるか。

「地震税導入には増税が必要だが、それは現実的ではない。民間の保険制度をしっかりとつくり、それを国がバックアップする間接的な方法によって、かなりのことができると考える」

（二〇〇六年六月十七日）

長岡市（栃尾）半蔵金の区長

椛沢善一郎さん（69）

◇◇◇◇◇◇◇◇◇◇◇◇◇◇◇◇◇◇◇

〈思い〉ムラの担い手不足が深刻だ

半蔵金のムラは中越地震で八十三戸から約六十戸に減ってしまった。ほとんどが兼業農家で棚田を耕す四十、五十代の担い手は四、五人しかいない（集落の六十五歳以上の人口は全体の65％にも及ぶ）。昔は畜産に手を出した人もいたが、やっぱりコメづくりに落ち着いた。中越地震で来てくれたボランティアや田植え体験に来てくれる都会の人、リタイアする団塊の世代などの力を借りて棚田を守りたいが…。

農業に発想転換を 人呼び込み価値高める

慶大教授

金子　勝氏

かねこ・まさる　東大大学院修了。2000年から慶大経済学部教授。専攻は財政学、地方財政論など。東京都出身（父は佐渡市出身）。53歳。

被災した中山間の集落で、生業とその担い手を確保していくには―。地方経済に詳しい金子勝・慶大教授に聞いた。

×　　　　×

―中山間の被災地では産業の再生がこれからの課題となる。

「それは被災地に限らない問題だが、やはり農業から始めるしかないだろう。中山間地の冬はマイナスの環境だ。それをプラスの資源に変える逆転の発想を持つことが必要だ。安全で効率の高い農業で、もうかるシステムをつくる。全国に事例がある。学ぶことから始めるべきだろう」

―もう公共事業に頼れない時代とされる。

「山古志にある手掘りの中山隧道《ずいどう》は、地域で生きていくために住民が自力で掘ったものだった。しかし、公共事業の中には、生きていくのに本当に必要かという問い掛けがないまま、『事業があれば地元に金が落ちるからいい』という目先の利益から行われたものも多かったのではないか」

―それが農業をはじめとした生業の衰退につながったということか。

「絶えず政治家に頼んで公共事業をもらい続けていくうちに『どうしたら自分の

土地の産物を売れるか』を考える感覚を失ってしまった。外から事業をもらおうとする限り、それがなくなれば住民が集落から出ていくのは当然だ。生業の後継者もいなくなる。厳しく言えば、補助金で集落をやっと維持してきたという状態ではないか」

―農業の形を変えるしかないのか。

「中山間地に企業や工業を持ってくるのは難しい。地元の資源を生かして発展させる方が合っている。もう一度言うが、不利を有利に変える発想の転換が必要だ。北海道の和寒町の越冬キャベツがいい例だ。雪の下で育つとすごく甘くて柔らかくなって人気を呼んでいる。発想を変えて付加価値を得る試みは全国にいくらでもある」

―山古志にも雪下キャベツに注目している人はいる。高齢化した地域では、そうした試みを誰が担って広げていくかが問題だ。

「まず、中山間地の閉鎖性を打ち破るリーダーが必要だ。よそ者でもUターン組でも迎えればいい。マーケティング能力を持つ人をスカウトしてもいい。そうした人を支援しながら中山間地ならではの高付加価値農業を進めれば若い層も育つ。『被災したなら山間地を下りて平場に出ればいい』との声もあるというが、自力で再生の努力をしている地域は『つぶしてはならない』ということになるはずだ。輸出のための自動車を製造することだけが社会的価値のあることだろうか。農山村にこそ価値があるという事例を示していかなければならない」

（二〇〇六年六月十八日）

衆院議員

長島忠美さん（55）

◇◇◇◇◇◇◇◇◇◇◇◇◇◇◇◇◇◇◇

〈言葉〉これからも災害対策議論する

被災者生活再建支援制度については支援金の前払い金額の上限引き上げをはじめとして運用を改善することができた。これからも震災などの災害対策のための財源確保や支援充実について国会で議論していきたい。全国の人々に中越地震を忘れてほしくないという思いもあって、震災での体験を伝える講演活動を続けている。少しでも発信して、中越の被災地を応援してくれる人々を増やしていきたい。

支援法の再構築を住宅本体の助成が焦点

国交省開発企画調査室長

渋谷　和久氏

しぶや・かずひさ　東大卒。1983年旧建設省入省。前職の内閣府防災担当企画官で生活再建支援法改正を担当。04年から現職。宮城県出身。46歳。

被災者生活再建支援制度の法改正に携わった経験のある国土交通省都市計画課の

渋谷和久・開発企画調査室長に復興制度拡充への課題を聞いた。

×　　　×

――中越の被災地では住宅本体の再建についても公費で支援するよう法改正を求める声が上がったが、実現していない。元山古志村長の長島忠美衆院議員が所属する自民党もそれを認める方向にはなっていない。

「住宅本体への公費投入がない中では、他にどんな施策を国が行おうとも被災者は『何もしてくれない、冷たい』と不信感を抱く。これは国にも被災者にもマイナスだ。家庭や生業、地域を再建する道のりは長い。そのスタート時に住宅本体への支援などで背中をポンと押してあげる政策があってもいいと思う」

――なぜ、そうした議論が盛り上がらないのか。

「制度、政策づくりは世論が鍵だ。しかし、東京などの住民は地震が生活や地域にどれほどの打撃を及ぼすかイメージもできないため、世論が盛り上がらない。ギャップは新潟や神戸の人が想像する以上に大きい。東京の人々も首都直下地震には関心があるようだが、数日生き延びて自宅に帰れば元の暮らしに戻れると思っている人も少なくないように感じる」

――世論を動かすには何が必要と考えるか。

「災害の瞬時の怖さだけを強調するのではなく、生活再建の困難さや仮設住宅でのストレスをもっと伝えることだ。神戸から語り部を呼び復興の難しさを聞いた首都圏の市民団体もある。そんな取り組みをどれだけ広げられるか。復興を考えるシンポジウムも神戸や新潟だけでやるのではなく、東京でも開いてほしい」

――支援制度はどのように変えていくべきか。

「支援法の補助対象は当初は家財などだけ（最高百万円）で、二〇〇四年の改正で被災家屋の解体費や利子補給などを加えて上限三百万円に引き上げたが、それに比べ住宅本体への支援は非常に大きな判断になる。行うなら、他の法制度も含めた抜本見直しが必要だ」

――抜本見直しとは、具体的にどういうことか。

「内閣府所管の支援法や厚生労働省の災害救助法、国交省の住宅政策など関連の制度・政策をすべて棚おろしして整理した上で、被災者支援に何が一番効果的かを議論しながら制度を再構築すること。その中で現場のニーズに応じて仮設住宅の建設戸数を調整し、その分の費用を住宅本体への支援に回すとかすればいい。私たち行政担当者が既存の枠にとらわれず制度設計できるように、被災地から『これが不足している』『こんな仕組みがあれば』という声を寄せてほしい。そんな生産的なキャッチボールができるようにしたい」

（二〇〇六年六月十九日）

どうする被災地再生4

社会安全研究所（東京）の所長

木村拓郎さん（57）

◇◇◇◇◇◇◇◇◇◇◇◇◇◇◇◇◇◇

〈指摘〉ムラの再建には早さが必要だ

一九九一年の雲仙・普賢岳噴火災害などから得られた教訓は、中山間地では集落の再建計画づくりが早いほど（避難先の仮設住宅などから）そのムラに多くの人々が戻るということだった。中越は、各集落の戸数が少ない割に計画づくりに時間がかかっている印象がある。被災から二年以内に再建のめどを立てることが必要だ。より良い集落再建のため、行政と住民が議論を重ねるべきだ。

住宅支援を最優先
独自施策で集落を維持

鳥取県知事

片山　善博氏

かたやま・よしひろ　1951年、岡山県生まれ。東大卒。74年に旧自治省入省。同省府県税課長などを経て99年鳥取県知事に当選。現在2期目。54歳。

二〇〇〇年十月に最大震度6強の地震に襲われた鳥取県。迅速な支援策で中山間地の集落維持を図った片山善博知事に聞いた。

×　　×

―被災から十一日後という早さで、住宅本体の再建も対象に最高三百万円を補助する鳥取独自の制度を打ち出したが、結果はどうか。

「被災集落はすっかり復興した。この五年半で地震がきっかけで集落を出たという人は皆無ではないが、ほとんどいない。もともと暮らしていた地域にこれからも住み続けたいという人に補助するというメッセージを早いうちに出したので、それを基に被災者が〝わが家の復興計画〟を考えることができた。その結果として、中山間地が維持できたのだと思う」

―結局、住宅本体への支援制度が中山間地の集落維持・再建につながったということだが、住宅再建支援を最優先する発想はどこから来たのか。

「実際に現場で被災者に接し、思いや意見を聞いてみて、何よりも住宅への不安を強く感じていることが分かったからだ。既存の国と自治体の財政ルールの中では、まず仮設住宅を作らなければならないが、それをやめて住民自らの手による再建に金を回す方がよいと感じた。ずっと住める家の手直しに支援した方が金が生きる。三百万円だけでは家は建たないが、（住宅再建の）呼び水にはなった。財政上のバランスも欠いてはいない額であったと思う」

—しかし、国の理解は得られず、鳥取県独自での支援となった。中越地震が起きても国は制度を変えなかった。

「愚かなことだ。国は制度を守ること自体を目的にしてしまっている。制度を現場の実態に合わせることで膨大な費用がいるなら別だが、安上がりだし被災者も喜ぶのに駄目というのだから」

—制度を変えるために被災地同士で連携していくべきではないのか。

「もう、あきらめた。中越地震が起きる前に開かれた全国知事会で被災者生活再建支援基金の積み増しが議論になった。その時に住宅本体への支援の必要性を必死で訴えたのに、どこも聞き入れてくれなかった。痛い目に遭わないと分からない。だから、もう自分でやろうと。鳥取では県と市町村が出資して基金を設けて同じような事態が起きたときに対応できる仕組みを整えている」

―中越地震での新潟の対応をどう見るか。

「国に制度改正をお願いし続けたのが新潟方式だろう。それも一つのやり方だが、くたびれるし時間もかかる。復興のスピードが失われてしまう。鳥取県では、できることは自分でやろうと住宅支援を決めたんです」

（二〇〇六年六月二十日）

旧山古志村長

酒井省吾さん(78)

◇◇◇◇◇◇◇◇◇◇◇◇◇◇◇◇◇◇◇◇

〈訴え〉効率性だけでは生きていけない

中越地震の発生直後、避難所で「山古志の人は山から下りればいいのに」という平場の人たちのささやきを聞いた。そんな中では、山での暮らしを続けるのに必要な道路を税金で復旧してもらうことに引け目を感じる住民もいる。小泉内閣の「都市重視」「格差容認」の姿勢はおかしい。東京の人は水道水を飲めずに水を買っているが、そのうち山古志の空気も買うんじゃないか。人は効率性だけでは生きていけない。

山間地も投資必要
次世代育成 施策を検討

泉田 裕彦知事

いずみだ・ひろひこ 京大卒。1987年旧通商産業省(現経済産業省)入りし、2004年に知事初当選。1期目。加茂市出身。43歳。

被災者の生活再建と被災地の再生を担う泉田知事。復興に向けた施策と課題、そして決意をただした。

×　　　　　×

—経済効率を重視し、都市と地方など地域間の格差を認める考えが社会に強まりつつあるとの指摘がある。中越の被災地復興にも影響するのではないか。

「地域間の格差はゆゆしき問題だ。新潟県の人口は毎年一万人ずつ減っている。そのうちの八割が、三月に進学や就職のために都会へ出てしまった人で占められている。出た先の首都圏では一流企業に勤めたとしても通勤には一時間半もかかり、買えるマンションも大きくはない。子どもを産み、育てにくい環境だ。それに対して出生率が高いのが地方であり、中山間地だ。地域間格差は新潟市など都市部との比較の形で県内にもあるが、中越の被災地みたいに三世代同居で牛も家族と同様というような、安心して子どもを育てられる環境を維持しないと日本は不幸になる」

—山のムラの復旧に多額の税金を投入してもらうことに引け目を感じる被災者もいる。

「中山間地の暮らしが正しく評価されていない。過大なものを求めてはいけないが、必要な投資はしなくてはいけない。ヨーロッパでは都会で成功した人が地方で暮らすライフスタイルが尊敬されている。日本でも教育、医療のサポートをしっかり提供すれば、中山間地は衰退しない」

――被災地でも自治体によっては「山間集落から平場への移住を促している」と指摘されたケースもあるなど、施策のばらつきが目立つ。

「例えば、被災者が高齢になったときに市町村の中心部に集まっていればサポートしやすいということを考えた結果だとすれば、それはそれで一つの価値観。住民に近い首長の判断が優先されるべきだろう。（山間の集落維持策を）やるべきだとアドバイスはできても、強制はできない」

――中越地震の被災地では高齢化も進んでいる。具体的にどのような施策で復興させるのか。

「（中山間の）地域の中から一歩も出ないで産業振興はできない。産業は農業だけではなく、都市住民との交流もある。集落にオフィスを構える必要はない。そこに自然と人があり、教育、医療を支援しさえすれば生業が成り立つようなシステムを提供していきたい。定年後の『団塊の世代』を招こうという各地での試みが注目されているが、そうした層だけを呼べばいいとも考えていない。まだ具体的には言えないが、コミュニティーの中で、きちんと次の世代も育つような施策を考えたい」

（二〇〇六年六月二十一日）

どうする被災地再生6

長岡市古志種苧原

小幡文蔵さん（80）

◇◇◇◇◇◇◇◇◇◇◇◇◇◇◇◇◇◇◇

〈思い〉角さんが、健在だったなら・・・

山古志の道路もトンネルも橋も、その一切が田中角栄さんからもたらされたものだった。昔の山古志の冬には、わら仕事をするくらいしかなかったのが、大きく変わって、だんだん出稼ぎをしなくてもよくなった。だから、みんな角栄さんを神様みたいに思っていた。どうせなら、地震がもうちょっと早く、角栄さんが健在だったころに起きていたなら、ムラの復興も違っていたかもしれない。

支援　息長く続ける
生活再建の後押し必要

泉田　裕彦知事

「インフラが復旧しても、地域のコミュニティーが復活しなければ、本当の復興とはいえない」と強調する泉田裕彦知事＝県庁

―県のまとめでは、仮設住宅入居者のうち生活再建のめどがつかない世帯数は二

〇〇六年四月上旬に八十を割った後、四月末に四十、五月末で十数世帯と急減している。しかし、現地では「実感からみて少なすぎる」との声を聞く。何をもって「めどがついた」と判断しているのか。

「住宅の再建や公営住宅への入居が固まるなどして、仮設住宅を出て住む場所とその時期のめどがつき、さらに年金を含めて生活の糧のめどがつくということだ。今もそうした見込みのない人のファイルをつくり、原因は何かを見ながら個々に対応している」

―めどがつく、つかないは被災者本人ではなく自治体の担当者が判断している。知事は「五月までには生活再建のめどを」と意欲を示してきたが、それが担当者に「何とか早くめどをつけさせろ」という圧力になっている面はないか。

「地震から三度目の正月を自宅で迎えてもらうには、逆算するとこの時期にめどがつかないと家は建たない。背中を押す必要はあるし、押さないで、正月にもまだ大勢が仮設住宅で暮らしているようになってはいけないだろう」

―被災者生活再建支援制度で住宅本体の再建も補助対象とするための法改正が実

現していない。被災地には「政治力」を求める声もある。復興関連の法制度についてあらためて考えを聞きたい。

「例えば、防災集団移転よりも住宅建設が柔軟にできるとされる小規模住宅地区改良事業があるが、その事業の規則でも『鉄筋コンクリートの建物を造れ』との建前が書いてある。これは都会を中心とした考え方からの規則。地方や山間地には合わないとして国に改正を求めている。住宅本体への補助実現も知事会などで訴えている。残念だが、依然として『東京で地震が起きた場合に対応できるのか』といった議論があるのが現実だ」

――今後どう動くか。

「以前も言ったが、復興予算の使い道を国で縛らず地方に任せる制度を求めていきたい。中越の被災者は阪神・淡路大震災の被災者よりも多くの義援金をもらっている。中山間地だけが優遇されるという考えを持たれることはマイナスだ。それも踏まえて要求しないといけない」

――中越は、何をもって「復興した」といえると考えるか。

「阪神のように人口やインフラは戻ったが、コミュニティーが壊れたままでは復興とは言えない。そうした中で一人もこぼれ落ちる人のいない復興を目指す。復興への支援は、息長く続けなければならないものだと考えている」

（二〇〇六年六月二十二日）

取材班提言

取材班提言

中山間地再生へ　優遇支援を

「このまま、仮設ごと山に引っ張ってってくれんかのう」。長岡市千歳の仮設住宅で義姉と二人きりで暮らす八十二歳の原キノさんが二〇〇五年の暮れにつぶやいた言葉である。

キノさんは、山あいの集落の家を中越地震で失った。一カ月の年金受給額は二人合わせても三万七千円。それでも山でなら、わずかな田畑とあわせて暮らしてこられた。しかし、平場の仮設住宅では厳しい。光熱費も切りつめてのかつかつの生活だ。「仮設ごと…」のつぶやきは比喩《ひゆ》などではなく、心の底からの願いだった。

住宅再建支援制度の不備、中山間地の過疎化・高齢化、都市と地方の格差。復興への課題が凝縮されたようなキノさんの言葉を本紙で伝えて以来、その言葉に応えようと私たちは被災地をルポし、識者に問い、政治・行政の責任者らにただしてきた。最後に私たち取材班としても中越復興に向けていくつかの提言をしたい。

被災者生活再建支援法の早期改正・拡充が必要だ

現在の生活再建支援法では壊れた住宅の撤去や利子補給、家財購入などに最高三百万円の関連経費が支給されるが、再建する住宅本体には使えないのが最大のネックであることは「復興公論」で繰り返し指摘してきた。

制約を取り払い、最高額も四百万－五百万円に引き上げるべきと考える。効果は、二〇〇〇年の鳥取県西部地震で同県が国の圧力に抗して独自に最高三百万円を本体に支援し、その結果、「被災を理由にした人口流出がほとんどなかった」とされることからも既に明らかだろう。

いまこそ、中山間地を優遇する制度・政策が必要なときだ

例えば私たちは、生活再建支援法の拡充については、大都市を含めての全国一律の実施が財政的に難しいのなら、中山間地域や一定以上の過疎地域に限った形でも行うべきだと提言する。

理由は、一つには中山間地の地震被害の特性である。二〇〇六年四月に惜しくも他界された災害対応の第一人者・広井脩東大大学院教授は、生前、私たちに「山間地の地盤崩壊は盲点だった。中越のような甚大な地盤災害は今の生活再建支援法では復旧できない」と繰り返し強調した。

もう一つは、過疎化・高齢化により気息奄々《えんえん》たる地域を今後も持続可能なムラとしていくためには、都市などから人を呼び込むことが必要だからだ。もちろん被災時の住宅再建支援だけでの人口流入は難しいだろうが、さらに医療・教育面などで中山間地を優遇する制度があれば、大きな魅力となる。

今後、生活再建支援法が改正されたとしても中越の被災地には間に合わない。だが、こうした優遇制度が実現すれば、それは永続的に復興・振興を後押しする。しかも、そのコストは過去に投下された景気対策的な公共事業より、はるかに低いはずである。

東京一極集中の是正と新たな「多極分散」の実現が急務だ

中山間地を復興し、維持し、振興することの意義の大きさは既に言うまでもないが、さらに、私たちは首都・東京をはじめとする大都市のためにもそれは必要なのだと主張したい。

首都が巨大地震に襲われれば、被害は想像を絶し、本県をはじめ全国に深刻な影響を及ぼす惨禍となりかねない。

しかし国や都の対応は鈍く、一極集中は進むばかりだ。少しでも被害を軽減し、人命を救うには、地方の振興による「多極分散」の実現が急務なのは自明のことである。

それには、原キノさんの願いに応え、復興支援制度を改善し、高齢者が若者とともに安心して暮らせる山村をつくることが第一歩となるだろう。私たちは粘り強く訴えていく。

それはまた、中越地震による犠牲者の心に沿うことでもあると信ずる。

「復興公論」取材班

（二〇〇六年六月三十日）

特集一

被災地は復興へと一歩一歩を踏みしめている。しかし、行く手には仮設住宅居住者の生活再建など数多くの課題がなおも横たわっているのが現実だ。中越地震の「風化」が懸念される中で、さらに都市重視の姿勢が指摘される小泉政権の下で、中山間の被災地は「切り捨て」の不安にも脅かされている。中越地震復興の本当の意味とは何なのか。その被災地の再生こそ「地方の再生」につながるものではないのか——。現地を幾度となく取材したノンフィクション作家・柳田邦男、地方経済に詳しい慶応大教授・金子勝、長岡市に住み、自身も被災した人材教育コンサルタント・丸山結香の三氏に復興への課題と、それを克服するための手だてを論議してもらった。司会は小田敏三・本社編集局次長。

（二〇〇六年一月一日）

特集1　「座談会・被災地から地方再生を」

柳田邦男氏　金子　勝氏　丸山結香氏　3氏座談会

ビジョン創造　発信を

柳田邦男氏の主張

▽中越地震と合併の問題は一体だ。国は「都市集中」から「地方分散」の政策に転換すべきだ。

▽地盤災害に遭った地域全体の復興に「自助」では限界がある。行政による「公助」が必須だ。

▽超高齢化した集落維持のためには、ボランティアの支援や中山間地同士の連携が欠かせない。

やなぎだ・くにお　1936年栃木県生まれ。東大卒。ＮＨＫ記者を経て作家に。航空機事故、災害、医療など幅広い分野を取材、論評。「マッハの恐怖」「事故調査」「阪神・淡路大震災10年」など編著書多数。東京都在住。69歳。

金子　勝氏の主張

▽国が使い道を決めた補助金は住民が地域を考える機会を奪っている。使途は地方に任せよ。

▽復興は、敗戦後と同じように古くて駄目になったものを再生して、一からやり直すチャンスだ。

▽公共事業に頼った経済は持たない。地方は「自前で回す経済」を底上げしていく必要がある。

かねこ・まさる　1952年東京都生まれ。東大大学院博士課程修了。専攻は財政学、地方財政論。2000年から慶大経済学部教授。市場経済の行き過ぎを警告する。著書に「粉飾国家」など。父は佐渡市（小木）出身。東京都在住、53歳。

丸山結香氏の主張

▽高齢者にとっての必要最低限の暮らしを支援するため、中越の実態に応じた法制度が必要だ。

▽被災地の現実を外部に伝える代弁者がほしい。被災者自身も声を上げて発信していくべきだ。

▽中越の被災地を捨てることは、日本の国土の七割を占める中山間地を捨てるということだ。

まるやま・ゆか　1964年長岡市生まれ。小千谷高卒後に渡米。全米宝石学会付属の宝石専科大学卒。米国の商社などに10年間勤務。帰国後に長岡市でコンサルティング会社を経営。ＦＭながおかパーソナリティーも務める。同市在住。41歳。

―中越地震被災地で、今、最も急がなければならない対策は何でしょうか。

◆「中山間地」

丸山　気になるのは中越の被災地で多数を占める高齢者だ。若い人は自力で復興できるかもしれないが、高齢者は無理。借金する力はないし、面倒を見てくれる人もなかなかいない。被災者生活再建支援法とか、いろいろな復興や支援のための法律や制度が都市を襲った阪神大震災を契機につくられた。しかし（中山間地で高齢化が進む）中越の生活や条件には合わないものもある。高齢者にとっての必要最低限の暮らしをどう支援するかなど、地域にフィットした制度が必要だ。

住宅再建　まず道筋　柳田氏

柳田　今冬は例年にない豪雪で、仮設住宅などでは非常に厳しい生活を強いられている。まず命

を守るための特別な配慮がいる。そして、それに準ずるのが、住宅再建の見通しをはっきりさせること。人間は先行きの希望がないと生きる力が出てこない。住宅再建や地域復興のビジョンを示すことが大事だ。従来の災害復興は住宅に限定した支援だったが、中越では家だけでなく地盤そのものが崩壊したり、地形が変わったりした。地盤災害地域を包括した計画を立てないと本当の復興につながらない。

――高齢化や地盤災害という実態に応じた制度、計画づくりを急ぐべきだということですね。

柳田　自力再建が難しい高齢者は人生に絶望しかねない。復興住宅の整備を進める場合にも、各家屋の損壊の程度だけではなく、そこに住む人たちの状況とか全体を見ながら取り組んでいかなければならない。そういう地域全体の計画がもっと制度化されて導入されないといけない。

金子　四国や中国地方の山間地では一九六三（昭和三八）年の「三八豪雪」をきっかけに集落崩壊が起きた。中山間地のコミュニティーが崩れるときには、まず若い働き手が希望を失って出ていくことで、棚田や畑が虫食い状になって周辺も農業ができなくなる。それが限界を超えると集落そのものが崩壊、結局みんな山を下りざるを得なくなる。住宅を再建しても生活できなければ地域を出ていく人が増え、集落がつぶれるのを待つだけになる。復興の過程で生業が成り立つように新しい動きをつくり、再組織化することが大事だ。

生業支える方策を　金子氏

―新しい動きとは？

金子　中越の被災地では、地盤や土壌など農業をやる条件そのものが失われた。集落全体の再生のためには、これを機に農地の交換も含めて全面的に見直すべきではないか。昔の通りに戻すという方法ではなく、換地をやってムラ全体を経営体にするような新しいビジョンをつくらないと再生は難しい。それには早い段階で新しい集落のまとまりをつくらなければならない。さらに、そのまとまった集落を単位とした支援態勢の確立も早急に必要だ。手遅れになったらムラが

持たない。

―集落、コミュニティーを一単位に復興することは重要です。丸山さんは山古志地域をよくご存じですが、現状はどうですか。

個人、地域で格差も　丸山氏

◆ムラを守れ

丸山　地震発生直後は村民の全員が家に帰れず同じ条件だったから「山古志は一つ」というまとまりを感じた。しかし、山古志はもともと二十集落が合併した村で集落ごとの差異が随分とあった。さらに被災から一年以上が経過して、住宅再建できる人とできない人などの間の差が生じるなどして、本家、分家を基にした集落構成も成り立たなくなっている。私は山古志の竹沢で女性たちと地域再生へ向けた活動をしているが、生業や共同体の再構築を「地域の人だけで何とかしろ」といっても調整が難しい。

――共同体の維持は阪神大震災でも大きな問題でしたが。

柳田　阪神の場合は何十万という被災者を対象に抽選で仮設や復興住宅を決めたので、コミュニティーが壊されてしまった。これを教訓に中越では集落や地域性に配慮して仮設住宅を割り振った。一方で、中越には阪神と違った難しさがある。地盤災害のために、帰る土地がなくなった人がいること。しかも全員が土地をなくしたのではなく、宅地でも農地でも土地が残っている人と残っていない人、戻って再建できる人とできない人がいることだ。

金子　そうした中では、集落をどういうルールで立て直すのかがポイント。伝統的なものをそのまま再建することは難しい。道路などが復旧しただけでは共同体の崩壊は防げない。

柳田　阪神の場合は、復興住宅が砂漠のようなところに建てられても周辺には労働市場と生業基盤があった。ところが中越は、山に帰っても労働市場がない。山菜を採って命はつなげるかもしれないが、ムラが長期的に、子どもの世代まで維持できるかというと、できない。相当に強力な第三者の介入によって以前とは違った形で共同体を再生するしかない。

◆公助が必要

金子　行政は枠組みが集落本位になっていないので調整できない。長期間、腰を据えてやれる人が調整役として入っていかないと難しい。

柳田　山古志は震災前の高齢化率が39％だったが、住民が戻ったときには60％ぐらいになってしまうと思う。その超高齢化の中でどうするか。長期的に集落を維持するには、もはや自然発生的に起こったムラじゃ無理で、本当の共同体をつくるしかない。そのためにはボランティアや特定非営利活動法人（ＮＰＯ法人）の支援が必要だろう。

――県民性もあってか、中越の被災者は「自分のことは自分で」と我慢しがちですが。

柳田　復興のためには「公助」「互助」「自助」の三本柱があるとされるが、今の国の行政は自助や互助を中心に「自分たちでやれ」という方向にスライドしている。

中央官庁は「中山間地の復興と生活再建は自助と互助でやれ」と、積極的にかかわらない。しかし、地域全体の計画を実現していくには互助や自助だけでは不可能だ。やはり公助が相当強く介入しなければならない。復興の見通し、ビジョンが示され、いずれ実現するという法的、財政的なめどが提示されないと住民は不安だ。取り残された地域の人たちがどう生きていくかが、政治課題にならないと根本的な解決にならない。

発展の好機ととらえ　丸山氏
「田中型」脱却が鍵　金子氏
情報センター必要　柳田氏

―復興には、もっと「公助」が必要ということですが、今の国の姿勢をどう見ますか。

◆合併と一体

柳田　市町村合併を推進し、大都市と地方の中都市に財政も経済活動も集中させ、中山間地と過疎地を切り捨てている。合併したムラは役場も学校も閑散とし、住民がしょんぼりしている。中越地震と合併の問題は一体だ。もう少し地方に分散する政策に転換しないといけない。

金子　国の支援制度の大半はあらかじめ使い道が決められた補助金。それをもらっても、住民が「地域をどうしようか」考える契機にはならず、共同体再構築の機会も阻んでいる。地方が支援金の使い方を決められるようになれば住民レベルの動きも出てくる。

丸山　復興ではなく地域の再生が必要だ。中山間地が創造的に発展するための支援制

左から丸山、柳田、金子の３氏。中越地震復興に向けた課題などを話し合った＝東京港区のホテルオークラ

度がないかと考える。今はまだ中越の被災地に目を向けてくれる人が多い。チャンスを逃したくない。

金子　日本は敗戦で社会のあらゆる仕組みが変わった。憲法、財閥解体…。それと同じで中越も今がチャンス。古くて駄目になったものを再生し、一からやり直すチャンスだ。使い勝手が良くない被災者生活再建支援法や仮設住宅などの制度を批判するだけでなく、「災害を機に、中山間地をどう再生するか」という発想が必要だ。地域の自主性を引き出す制度改革を訴えていけばいい。

―棚田を守っていた高齢者が都市に出ると自立できず、行政に頼る。すると都市の財政も悪化する。中山間地を切り捨てるより、共生した方が財政的にも得ですね。

柳田　中山間地の高齢者を街に連れてきても、引きこもりで、生きていけないという悲劇もある。わが身の問題として考えれば、おのずと答えは出てくる。

―中越地震では新幹線が六十六日間止まったことで県内経済は日に日に疲弊しました。経済の立て直しも必要です。

金子　地方は高速交通網が整ったため、いわゆる「ストロー現象」で、逆に経済力を大都会に吸い取られがちだ。中越地震は将来明らかになる疲弊を加速させて示した。新潟は公共事業で生きてきたが、高齢化は止まらなかった。同じく公共事業に依存してきた北海道は財政再建団体に転落する恐れがある。

――小泉政治が掲げるグローバリズムの下では、地方に中央から「援軍」はもう来ないということですか。

金子 公共事業依存の経済や生活が持たないのは明白。地方は「自前で回す経済」を底上げするしかない。例えば、百万円の買い物をしても中国から仕入れた商品なら、その地域に落ちるのはパートの給料くらい。しかし地元から仕入れた商品に対する代価は、もう一度地元で回る。このサイクルが増えれば、自前で回る強さが出てくる。「外に抜けた経済」は何かあるとガクンと影響が出る。（中越地震でも）それが見えた。

柳田 東京の経済のように「もうけ話」を探すのではなく、かつかつだけど食べていけるという経済が中山間地の生き残る道。長い目で見て「ここで生きる」ムラを守ることこそ大切という価値観だ。中越は他の被災地との連携だけでなく、中山間地同士で横の連携をやるべきだ。災害復興を災害だけの視点から見ていると突破口にならない。

金子　中山間地では、ワインで世界的に評価される宮崎県都農町など、いろいろな成功例が出てきている。

丸山　被災者が他地域の成功例も見ることが、「自分たちにもできるかも」と一歩を踏み出す力になるのではないか。

――もう一度、公共事業の問題ですが、地元でも田中元首相型の政治が郷愁、幻想だと理解していると思いますが。

◆代弁者不在

丸山　それは分かっている。でも、地元で「地域のためにこれを」と叫んでも中央に届かない。だから「角栄先生がいれば」とお年寄りが言う。そんな時代でないことは分かっているが、代弁者がいないから。

金子　国と地方で一千百兆円もの借金がある状況で「田中型」を求めたら全国で

中越バッシングが始まる。そうではなく被災地に主導権や権限を渡すよう求めること。「住民も自治体も民間も努力しているから金の出し方を変えてほしい」とアピールしなければ受け入れられない。

柳田　自力で生きれば、貧しくとも生きている実感がある。突破口は所得倍増論的な経済的価値観を変えることだろう。先祖代々の土地に生きることが最高の価値だと思うようにならないと…。

金子　その通りだが、「こつこつ働くより、株で楽して稼ごう」という風潮の中で価値観の転換はものすごく大変。地元の努力や考えを情報発信する人が欠かせない。

柳田　広い視野でかかわれるコーディネーターが必要だ。阪神大震災後にNPO活動をリードしてきた人たちはすごい。自分たちはかつかつの生活をしながら、生き生きと走り回っている。

—あらためて、情報発信の必要性が指摘されましたが。

丸山　中越の人たちは状況が大変でもあまり声を上げないが、事実を発信し、自分から声を上げていくべきだ。私は、視察などに来た人に被災者が何を考え、何が足りないのか説明している。被災地を見せ、語っていくことが大切。皆川優太ちゃんが救出された長岡市の妙見の崩落現場は、道路に復旧させることになりそうということだが、このままでは被災の現実を伝えていくものがなくなってしまう。

―本当の復興のためには、中越地震の教訓を伝えるためにも議論を尽くさなければ。

柳田　教訓を風化させないためにも災害情報センターが必要。展示だけでなく、ＮＰＯの拠点となって他の被災地と連携するセンターだ。阪神大震災ではボランティアが仮設住宅にセンターを作り、戸別訪問で孤独死対策と健康管理をした。

―上越新幹線の脱線も大きな教訓です。

柳田　対向列車が来ていれば大惨事だった。ラッキーだった、では済まない。日本人はリスクの高さを知っていても、気付かないように避ける傾向がある。リスクを想定し、どんな条件がそろうと起こるか予測し、対処しなければ。

―中越地震復興への「鍵」をお聞きしたい。

◆自ら一歩を

柳田　阪神で学んだことは、復興とは元に戻すことではなく、新しいスタイルと価値観をつくることだということ。行政は箱をつくることが仕事。その中で阪神では行政がコミュニティーを壊してしまった。自分たちで始めることが第一歩。市民社会を再構築しようという発想が必要だ。

金子　巨額な財政赤字の下では、復興への意志がない地域は復興しない時代になった。自ら意志を表示しないと、金を使う価値のない場所とされてしまうということだ。

丸山　地震発生から一カ月後に山古志に入ったときに「ここを捨てたらいずれは長岡市全体も荒れていく」と感じた。山古志を捨てることは、あしき前例になる。それは国土の七割を占める中山間地を捨てることになるからだ。中越の被災地を守れないようでは日本は終わりだと思っている。

特集 二

中越地震被災地では復興に向けたつち音が響き、人々が生活の再建を急いでいる。人は深い傷の中から、どのようにして立ち上がろうとしているのか――。地震から一年と八カ月後、ノンフィクション作家の柳田邦男氏が被災集落や今も七千人が暮らす仮設住宅を歩き、見つめ、語り合った。

（二〇〇六年六月二十五日）

特集2 「柳田邦男の眼―中越を見つめて」

悲しみを直視し成長
胸締めつけられた観音様

柳田邦男氏 一九三六年栃木県生まれ。東大卒。NHK記者を経て作家に。航空機事故、災害、医療など幅広い分野を取材、論評。「マッハの恐怖」「事故調査」「阪神・淡路大震災一〇年」など編著書多数。東京都在住。

新潟県中越地震で甚大な被害を受けた山古志や周辺の山間地にこの一年半ほどの間に六度入ったが、何度訪れてもその度に、胸がギューッと締めつけられる感覚が走る。

つゆ時に訪れると雨に濡《ぬ》れた山々の緑は限りなくみずみずしく、晩秋に訪れれば全山あらゆる色をこきまぜた紅葉の祭典が広がるのだが、それらの山々の斜面は美観に敵意を示すかのように、いたるところで棚田や錦鯉の養殖池をのみこんだ大崩落の爪《つめ》跡を露出している。岩盤の傾斜した断層模様がむき出しになっている様は、人間による開拓の営みを小石のように踏みつぶしてしまう地殻変動の凄《すご》さを見せつけているかのようだ。

この四十年余り、私は取材者としてさまざまな災害の現場を歩いてきた。特に阪神・淡路大震災の被災地は凄《すさ》まじかった。だが、中越地震による地すべり被災地では全く違った意味で息をのむほどのショックを受けた。

神戸では誤解を恐れずに言えば、家が壊れても土地は厳然として残った。だが、山古志やその周辺の被災地では、多くの住民が家だけでなく、宅地や棚田や錦鯉の養殖池、つまり生きる基盤の大地がなくなってしまったのだ。

◆互助の精神

《人々はこれからどうやって生きていくのか。

３人の小学生を失った小千谷市塩谷集落の人々が全国からの募金などを基につくった慰霊碑。＝2006年６月14日、小千谷市桜町の石材店

生きていくのを支えるものは何なのか》

震災から一年が過ぎた二〇〇五年十月、仮設暮らしを余儀なくされている人々が全体でなお約二千八百世帯、九千百人に上るというデータに接したころ、私は暗澹《あんたん》たる思いにとらわれていた。そんな中で、私がひそかに希望と期待をつないでいたのは、山古志や周辺地域の人々の郷土愛と団結心・互助精神の強さだった。

たとえば、東竹沢では山崩れによって渓流がせき止められ〝震災ダム〟ができたため、上流側の木篭《こごも》集落が水没した。水没の危険が迫ったとき、集落の人々十数人が力を合わせて、崩れた道路や急斜面、橋と道路のつなぎ目にできた段差などの悪条件の中で、トラックやダンプ十数台と米百俵などを必死に高台に引っぱり上げた。その団結力だ。

災害の中で一人ひとりの人間や地域社会が、どのようにして困難を克服して生きていく道を探すのか。私が二十年近く前に多くを学んだ本がある。オーストラリアのビヴァリー・ラファエル教授の『災害の襲うとき　カタストロフィーの精神医学』（みすず書房）だ。

ラファエル教授はこの本の中で、〈災害という過酷な状況を乗り超えていく最大の課題は希望を持つということであろう〉と論じた上で、〈災害時に見られる個人や社会が誰かのために役立とうとする愛他的な反応や、階級や人種の壁を超えた強烈な同情心は、人類が持つ最善の資質であり、それは未来の希望につながるものだ〉と述べていた。

言うまでもなく、そのプロセスには、時間の経過という要素が重要な役割を果たす。

年が替わり、記録的な豪雪を耐え抜き、二度目の春を迎えたころから、中越地震の被災者の間で、希望を語る言葉が少しずつ聞かれるようになった。山を離れる人、山に戻る人、それぞれの人生の選択の文脈の中で。

◆慰霊碑建立

山古志と同じ山並み続きの南隣にある小千谷市塩谷は、家屋の倒壊がひどく、狭い集落内で小学生三人が犠牲になるという悲劇が生じた。星野有希君＝当時（11）

＝、星野一輝君＝同（12）＝、星野和美さん＝同（11）＝の三人だ。姓は同じだが別々の家族だ。この（〇六年の）六月半ば、塩谷を訪ねると、和美さんの家の跡地に二メートル四方ほどのコンクリートの台座が敷設されていた。三人の死を悼んで慰霊碑を建てるのだという。後で市内の石材店に立ち寄ると、高さ二メートルほどの縦長の石に観音様を彫りこんだ像ができていた。観音様は赤ちゃん一人を左腕に抱きかかえ、足元には赤ちゃん二人がまつわりついて遊んでいる。費用は三人の家族だけでなく、塩谷の集落の全世帯が悲しみを分かち合おうと共同出資したのだという。村人の支え合う心に、私は胸が熱くなった。

有希君の父剛さん（50）は、亡き有希君をしのぶ気持ちや山ののびのびとした環境や養殖の仕事のことを考えて、塩谷に帰ろうと集落内の道路などの修復作業の先頭に立って汗を流してきた。だが、一年たった〇五年秋、大阪城公園内の教育塔前で全国の教職員や生徒児童の年間物故者を追悼する教育祭に、ほかの二家族と一緒に参列したころから、少しずつ気持ちの整理ができるようになった。

残された長女英恵さん（15）の通学・進学のことなどを考え、市が塩谷の人々の集団移転先として用意する市内の造成地に家を新築し、塩谷の養殖池には車で通うことにしたのだ。その代わり、養殖池の建屋の横に休養もできる作業小屋を建てて、夏休みなどに英恵さんが友達と遊びに来て休憩できるようにもしようという計画を立てている。

英恵さんも、震災から一年ほどの間に心の成長を見せた。地震直後は弟の死という現実を受けいれられず、いっそ家も家族もみんななくなればいいとまで考えた時期もあった。よその子だったらよかったのになどと考える自分が嫌で苦しむ日々もあった。

しかし、そんな卑屈な考えを自分で止められないなら、自分自身をしっかりと見つめようと思い、考えに考えた末に、一つの答えに到達したという。それは、命とはただ生きるだけでなく、自分次第で輝かせることもくすぶらせることもできる光だということだ。

英恵さんは、そのことを昨年九月、中学生による「わたしの主張　05新潟県大会」で発表し、最後に「私は、いつか、天国の弟にも見えるくらい、強く強く輝く光を持てる気がします」と言い切った。英恵さんは今、中学校でバレーボールの部活で元気いっぱいの日々を送っている。悲しみを忘れるのでなく、悲しみと向き合って心を成長させる生き方を自ら探った彼女は、きっとこれからの人生で出合うどんな試練にもしなやかに対処できるようになるだろう。

塩谷には四十九世帯あったが、三十世帯は山を離れ、戻るのは十九世帯のみだ。

窓の明かり
生きる証し

〝震災ダム〟に襲われた山古志の木篭集落では、全二十四世帯のうち十四世帯の家が水没した。凄絶《せいぜつ》な情景は今も残る。水没しなかった家も全半壊の被害を受けた。それでも木篭に帰りたいという希望を持っているのは十八世帯。長岡市が木篭の一角に約四千平方メートルの宅地を造成する計画で、住民と調整中だ。

◆百年後まで

〝帰村〟を目指す闘牛の牛飼いの松井治二さん（66）は、集落の再建について独特の構想をロマンに満ちた言葉で語る。今度建てる家は、百年たっても住める造りでなければならない。自分の家だけでなく、村全体も百年後まで残るものにしないといけない。たとえ谷間の集落であっても、飽きることのない景観としっかりした家の造りであれば、自分の子が継がなくても誰かが住んでくれるだろう。「住んで残していく村づくり」という考えだ。

もう一つ大事なことは、子どもが戻らず、老いて一人になっても生きられる村、つまり一番弱い人でも帰れる村をつくろうということだ。松井さんはこれから妻と二人で老後を過ごすことになる。その先行きを自分たちだけの問題にとどめないで、これからの時代、誰もが直面する問題として、村づくりに結びつけて論じているのだ。

このような村づくりを開かれたものにするために、松井さんは〝帰村〟する人にだけでなく広く支援者の参加を求めて、「木篭をつくる会」を立ち上げようとしている。〝帰村〟の目標は、今年（〇六年）が土地の造成、来年が家の建築で、来年十二月入居を目指している。

松井さんは今年九月には山古志の名所・池谷闘牛場での闘牛を再開させ、山古志各集落の新しい村づくりのエネルギー源にしたいと願っている。

人生設計は十人十色だ。小千谷市塩谷で二女の和美さんを亡くした会社勤めの星野武男さん（48）夫妻は、残った三人の子どもたちの進学のことを考えて、悩んだ末に山を離れることにした。同じ塩谷でも、家の一部が壊れただけだった星野卯三郎さん（66）夫妻は、家を半分に

元山古志村長の酒井省吾さんから崩落した山々の状況などを聞く柳田邦男氏（左）。被災者の生活の軸足が仮設住宅から少しずつ元の集落に移りつつあるとも聞き、ペンを走らせた＝2006年６月14日、長岡市古志虫亀

して、自分たちが食べるだけの田んぼを耕し、生き残った牛と年金暮らしをしていくという。

◆イブの電話

山古志の北、山続きの長岡市竹之高地町の自宅を失った原キノさん（82）は、長年同居してきた義姉のマスエさん（83）とともに、長岡市内の仮設住宅で暗い気持ちの日々を送っていた。しかし、昨年十二月クリスマス・イブの日に市内に住む長男から、「二人でおいでよ、一部屋空けてあるから」という電話をもらってから、すっかり表情が明るくなった。《元気にしていなければ》と、心はずむのだ。

多くの家が水没した旧山古志村木篭集落の松井治二さん（中央）が暮らす仮設住宅で。「木篭をつくる会」の顧問就任を頼まれ、引き受けた＝2006年６月14日、長岡市陽光台

山古志の人々が少しでも収入のある自立の道を歩めるようにと、会社の活動としてユニークな支援をしているのは、「有限会社山古志道楽村」の丸山結香さんだ。経営コンサルタントの丸山さんは、復興の道は苦しいことばかりでは希望につながらない、少しは楽しみもなければと考えている。それが「持続可能」な住民活動につながるのだ、と。

その実現例は、民家の座敷で山菜料理の昼食御膳を提供する「あねさの会」の活動。一食千五百円だが、心の行き届いたメニューなので、好評だ。現在「あねさの会」の女性は五人。月二百人の来客に対応し、ほどほどの月収を得ている。会社の活動であれボランティア活動であれ、災害地の支援は「何でもありや」がニーズに応える道だという。

◆ロマン語れ

今、避難勧告が解除される被災地が徐々に増えつつある。この春、虫亀の自宅に一時的に戻った元山古志村長の酒井省吾さん（78）は、夜、集落の何軒かの窓明かりを見て帰ろうという気持ちが強くなったという。

窓明かりはそこに生きる証し。私は思った。山間の被災地に求められるもう一つの明かりは、山間の村で心豊かに楽しみをもって生きられる集落づくりのロマンを語り合う言葉の明かりではなかろうか、と。それは過疎化する全国の中山間地の再生に共通の課題ではないか。

資料

資料　中越地震―被害と復旧状況

■中越地震　本震は二〇〇四年十月二十三日午後五時五十六分に発生した。震源は川口町内（北緯三七度一七分、東経一三八度五二分）で、深さ約十三キロ。マグニチュードは6・8。同町で最大震度7、小千谷市で震度6強、長岡市で震度6弱など各地に激しい揺れをもたらし、上越新幹線も脱線した。余震が頻発し、震度1以上の有感地震は本震から一カ月間で八百十回、同一年間では九百八十四回。〇六年九月末現在では千九回（暫定値）に及び、うち最大震度5弱以上が十九回起きている。

■犠牲　〇六年九月末現在、中越地震による死者と認定されたのは六十七人。重軽傷は四千七百九十五人。倒壊した建物や土砂崩れなどのほか、車中泊での「エコノミー症候群」や避難中のストレスなどで亡くなるケースが相次いだ。六十七人の犠牲者のうち本震から一カ月間で把握されたのは四十人。二十七人はそれ以降に関連死と認定されており、さらに犠牲者が増える可能性もある。

■住宅・学校　住宅被害は十二万七百四十六棟に及び、そのうち全壊が三千百七十五棟、大規模半壊が二千百六十六棟。仮設住宅の入居数はピーク時（〇五年一月四日）には長岡市、小千谷市、川口町など八市町村で計二千九百七十二世帯・九千四百八十四人、〇六年八月末現在でも千八百七十七世帯・六千四百四十二人。同月現在の新潟日報社のまとめでは、同年十二月までの入居期限の延長を希望しているのは約七百四十世帯に及ぶ。学校は計百九十七施設が被災し、〇六年八月末までに百九十三施設の修理が完了した。残る山古志小学校、同中学校なども同十月中に復旧する。

■道路・ライフライン　道路は被災した九百七十カ所を応急復旧した上で本復旧を進めている。うち同八月末までに73％に当たる七百八カ所で完了。同九月八日までに最大停電約二十八万戸に及んだ電気は旧山古志村の八十二戸を除き復旧。最大断水約十三万戸だった水道も旧山古志村百二十一戸を除き復旧。最大停止五万六千戸の都市ガスはすべて復旧済みとなっている。

■農地　長岡市、小千谷市など八市町村の総水田面積約二万九千ヘクタールのうち約一万ヘクタールが被害を受けた。〇五年の作付け不能面積は九百八十九ヘクタール。〇六年も三百三十七ヘクタールに及び、約四百戸の農家が全く作付けできていないとみられている。

（被害・復旧状況は新潟県中越大震災災害対策本部のまとめによった）

おわりに

「日本は、これで本当に先進国なんだろうか」。中越地震から一年二カ月後の二〇〇五年十二月のある日、被災地を見詰め続けてきた記者の一人が口にした。憤りがにじんでいた。

そのころ中越では、なお約二千六百世帯・八千四百人の被災者が仮設住宅での暮らしを強いられていた。今の日本で、なぜ、こんなにも多くの人々が家に戻れぬまま二度目の冬を迎えなければならないのか。復興支援の制度・政策に欠陥があるのではないか。被災者は、そして新潟県民はもっと怒りの声を上げなければならないのではないか——。私たちは、そんな思いに駆られ、被災地を巡った。

地震から二度目の冬。ただでさえ厳しい中越の冬は記録的な豪雪となった。その下で聞く被災者の言葉は、本当に重かった。「裏切りのようなもの。悪者扱いしてもらった方が楽だ」と目を伏せたのは小千谷・塩谷集落の星野武男さんだった。地震で亡くした娘の思いの残る塩谷での暮らしを願いながら、平場の集団移転地での自宅再建を選ばざるを得なかった切なさ、つらさはいかばかりであったか。

私たちは、そうしたひと言ひと言を識者らに伝え、市長に、知事にと示し、中越とは打って変わって青空の続く東京・永田町の政治家や霞が関の官僚たちにぶつけた。「仮設ごと山に帰してほしい」という八十二歳の原キノさんの願いに応え、「仮設住宅を引っ張っていく手だてはないのか」と本気で泉田裕彦知事に迫ったこともあった。とにかく被災者のために役立ちたかった。そのために広く県民の議論―公論を巻き起こし、それを中央に突き付けたかった。

「復興公論」は、新潟日報紙上で二〇〇五年十二月十三日にスタートし、ルポ、インタビュー、座談会などを〇六年六月まで十二シリーズの連載と六回の特集の形で展開したものである。年齢、肩書などは新聞掲載当時のままとさせていただいた。スタッフは小原広紀、高橋渉、阿部義暁(以上本社報道部)、関根浩(本社写真部)、武田雅裕(長岡支社報道部)、高津直子(上越支社報道部)、三浦穂積(東京支社報道部)の七人。それに私がデスクを担当した。取材に協力してくださった被災者、関係者の皆さまに、あらためて御礼申し上げたい。また、柳田邦男さんをはじめ各分野の識者や専門家の方々には折々に貴重なアドバイスをいただいた。四月に他界された広井脩東大大学院教授は生前、病を押して私たちのインタビューに応じてくださった。この場を借りて深く感謝申し上げ、ご冥福をお祈りする。

今、思うことは「私たちは公論を起こすきっかけを示しただけに過ぎない」ということだ。「復興公論をきっかけにして、行政が山間の小集落の意見を聞くようになった」という被災地からの便りもあった。しかし、最大の目標とした被災者生活再建支援法の改正は実現していない。私自身も「過疎・高齢化が進む中山間地を、多額のカネをかけて復旧させても…」という声を、いまだに耳にする。

中越地震による仮設住宅入居世帯のうち、同年十二月までとなっている入居期限の延長を希望する世帯が八百世帯に及びかねないという現実がある。予想を超えた数である。「日本は、本当に先進国なのか」。私たちは問い続けたい。

新潟日報社編集局報道第二部長　佐藤　明

中越地震《ちゅうえつじしん》　復興公論《ふっこうこうろん》

2006（平成18）年10月24日　初版第1刷発行

■発行所　新潟日報社
〒950-1189　新潟市善久772-2
TEL 025-378-9111
http://www.niigata-nippo.co.jp/

■発売元　新潟日報事業社
〒951-8131　新潟市白山浦2-645-54
TEL 025-233-2100
FAX 025-230-1833
http://www.nnj-net.co.jp/

■印刷所　㈱第一印刷所

ISBN4-86132-145-X

発生から復興まで―。新潟日報が伝え続けた、新潟県中越地震の記録。

新潟日報の１６８時間
中越地震と新聞発行の記録

新潟日報社　編

震度７の激震で、取材・販売網を破壊された地方紙は、何を考え、どう動いたか。新聞発行への執念と使命感、一部を被災地へ届けることの重み…。発生から一週間を追ったドキュメント。

2005年10月発行　四六判　224頁
定価1,470円（本体1,400円+税70円）

復興へ　中越地震

新潟日報社　編

「復興へ　中越地震」を合言葉に、平成十七年一月から始まった新潟日報の長期連載を一冊に。日常を一瞬にして奪い去った激震から、復興・再建へ歩みだした被災者たちの息づかいに迫る。

2006年１月発行　四六判　284頁
定価1,575円（本体1,500円+税75円）